다지마 야스히데의

온돌야화

溫突夜話

다지마 야스히데(田島泰秀) 저

이시준 · 장경남 · 김광식 편

제이앤씨
Publishing Company

식민지시기 일본어 조선설화자료집
간행사

1910년 8월 22일 일제의 강점 이후, 2010년으로 100년이 지났고, 현재 102년을 맞이하고 있다. 1965년 한일국교 정상화 이후, 한일간의 인적・물적 교류는 양적으로 급속히 발전해 왔다. 하지만 그 양적 발전이 반드시 질적 발전으로 이어지지 않았음이 오늘날의 상황이다. 한일간에는 한류와 일류, 영화, 드라마, 애니메이션, 만화, 음악, 소설 등 상호 교류가 확대일로에 있지만, 한편으로 독도문제를 둘러싼 영유권 문제, 일제강점기의 해석과 기억을 둘러싼 과거사 문제, 1930년대 이후 제국일본의 총력전 체제가 양산해낸 일본군 위안부, 강제연행 강제노력역, 전쟁범죄 문제 등이 첨예한 현안으로 남아 있다.

한편, 패전후 일본의 잘못된 역사인식에 대한 시민단체와 학계의 꾸준한 문제제기가 있었고, 이에 힘입은 일본의 양식적인 지식인이 일본사회에 존재하는 것도 엄연한 사실이다. 이제 우리 자신을 되돌아보아야 한다. 우리는 일제 식민지 문화와 그 실체를 제대로 규명해 내었는가? 해방후 행해진 일제의 식민지 문화에 대한 비판적 연구가 행해진 것은 사실이지만 그 실체에 대한 총체적 규명은 아직도 지난한 과제로 남아있다.

일제는 한국인의 심성과 사상을 지배하기 위해 민간설화 조사에 착수했고, 수많은 설화집과 일선동조론에 기반한 연구를 양산해 냈다. 해가 지나면서 이들 자료는 사라져가고 있어, 서둘러 일제강점기의 '조선설화'(해방후의 한국설화와 구분해, 식민시기 당시의 일반적 용어였던 '조선설화'라는 용어를 사용) 연구의 실체를 규명하는 작업이 요청된다.

이에 본 연구소에서는 1908년 이후 출간된 50여종 이상의 조선설화를 포함한 제국일본 설화집을 새롭게 발굴하여 향후 순차적으로 자료집으로 출간하고자 하니, 한국설화문학・민속학에서 뿐만이 아니라 동아시아 설화문학・민속학의 기반을 형성하는 기초자료가 되고, 더 나아가 국제사회에서의 학문적 역할을 증대하는데 공헌할 수 있기를 바라마지 않는다.

숭실대학교 동아시아언어문화연구소

소장 이 시 준

다지마 야스히데(田島泰秀)와 『온돌야화(温突夜話)』

김광식, 이시준

1908년 경성일보 기자 우스다 잔운(薄田斬雲)의 〈조선총화〉(『암흑의 조선(暗黒なる朝鮮)』)을 시작으로 1910년대부터 일본어로 간행된 조선설화집(이하, 일본어 조선설화집)이 본격적으로 간행되었다. 대표적인 작품으로 다카하시 도루(高橋亨)의 『조선 이야기집과 속담(朝鮮の物語集附俚諺)』(1910), 야오야기 쓰나타로(青柳綱太郎)의 『조선야담집』(1912), 나라키 스에자네(楢木末實)의 『조선의 미신과 속전(朝鮮の迷信と俗傳)』(1913), 미와 다마키(三輪環)의 『전설의 조선(傳説の朝鮮)』(1919) 등이 계속해서 간행되었다.

각각의 설화집이 '총화', '물어(物語)', '야담', '속전', '전설'이라는 용어를 사용했는데, 본 해제에서 다루는 다루는 다지마 야스히데(田島泰秀)의 『온돌야화(温突夜話)』는 '야화'라는 용어를 제목에서 사용하고 있다. 조선의 주거를 상징하는 '온돌'이라는 용어를 사용하고, 소화를 중심으로 한 '야화'를 모아, 일본어 최초의 조선 재담집을 간행한 것이다.

필자의 조사에 따르면, 『온돌야화』는 희귀본으로, 현재 국립중앙도서관과, 일본의 시가현립대학 박경식 문고에만 존재한다. 자료의 접근에 제한이 있어, 널리 소개되지 못한 점이 작용했는지 기존 연구에서 다지마와 『온돌야화』를 다룬 연구는 천혜숙의 「삼년고개」 연구를 제외하면 거의

찾아볼 수 없다.

한일 공통의 설화인 「삼년고개」는 제 3기 조 선총독부 조선어 교과서 『조선어독본』(권4, 1933)에 실려, 그 수록의 개작 여부를 둘러싼 논의가 있었다. 먼저 심은정은 '조선어독본에 실린 삼년고개는 일본에 흔히 전래되는 삼년언덕 三年坂의 조선판'으로 내선일체 수단으로 일본에서 유입되었다고 주장하였다.[1] 김환희도 '심은정의 주장에 일리가 있는 거 같다'며, 조선어독본에 실린 「삼년고개」는 '지은 옛이야기'라고 주장했다.[2]

심은정이 「삼년고개」가 수록된 교과서 연도를 1924년으로 잘못 표기한 데 비해, 천혜숙은 처음으로 「삼년고개」가 다지마의 『온돌야화』의 「4.三年坂」를 개작하여 1924년이 아닌 1933년에 수록된 것임을 확실히 하였다. 또한 천혜숙은 우선 다지마의 자료집에 '수록된 이야기의 대부분이 짤막한 笑話여서 그 개작의 여지가 좁다'고 지적하고,[3] 개작의 가능성을 염두에 두면서도, 『온돌야화』의 자료가 일본의 '삼년언덕'과 차이점이 존재함을 명확히 하고, 설화자체가 일본에서 유입되었음을 부정하였다. 천혜숙은 일본의 「삼년언덕」 전설은 지명관련 속신에 가까운데 비해, 다지마가 채록한 한국의 「삼년고개」는 역발상의 지혜를 담은 민담에 가깝다고 지적하였다.[4] 조선어 교과서에 「삼년고개」가 수록된 배경으로는 '내선관련설화'라는 점과 더불어, 당시 1930년대에 전개되던 '농촌진흥운동', '심전개발운동' 등의 "정책의도를 반영하는 형태로, 미신 타파의 교훈으로서 재'발견'

1) 심은정(2003) 「「삼년고개」와 「산넨도게 三年とうげ」비교연구」, 『일본학보』, 55, 한국일본학회, p.300.
2) 김환희(2007) 「「삼년고개」는 우리 옛이야기일까?」, 『열린어린이』, 50,http://www.openkidzine.co.kr/webzine/Default.aspx 을 참고.
3) 천혜숙(2007) 「한일 '삼년고개' 설화의 비교로 본 설화 원류의 문제」, 『비교민속학』 33집, 비교민속학회, p.96
4) 천혜숙(2009) 「설화의 개작과 식민지 근대의 주입」, 『동아시아와 한국의 근대』, 안동대 인문과학연구소 엮음, 월인, pp.154-160.

되었다는 추론도 가능할 것이다."[5] 이처럼 조선총독부의 교과서 수록 배경에 대해서는 '일선동조론'이라는 단면이 아닌, 당시 식민정책에 대한 다면적이고 복합적 인식에 대한 이해가 요청된다 하겠다.

선행연구에서는『온돌야화』에 수록된「삼년고개」나 교과서와 관련된 경력[6]만이 주목되었을 뿐, 다지마의 행적과 그 자료집에 대한 구체적인 검토는 이루어지지 않았기에 이하 다지마의 경력과 자료집의 서지적인 문제를 다루고자 한다.

먼저, 다지마의 경력에 관해서인데,『조선총독부관보』와 총독부 직원록 및 인명사전을 참고로 다지마의 경력을 정리하면 아래와 같다.[7]

1914년 3월	조선에 건너와 경성(京城)고등보통학교 부설 임시교원양성소 입학
1915년 3월 31일	함경북도 경성(鏡城)공립보통학교 훈도 근무
1919년 4월 19일-25년	경기도 매동(梅洞) 공립보통학교 훈도
1921년 1월 13일-25년	조선총독부 학무국 屬
1921년	조선어장려시험 갑종 합격
1923-29년	조선총독부 조선미술심사위원회 서기
1926년 2월 28일-34년	조선총독부 학무국 편집과 編修書記 겸 屬(주로 조선어독본 편찬)
1926년	조선총독부 전문학교입학자검정시험위원 서기

5) 三ツ井崇(2008) 「『三年峠』をめぐる政治的コンテクスト―朝鮮総督府版朝鮮語教科書への採用の意味―」,『佛教大学総合研究所紀要』, 2008別冊, p.285; 三ツ井崇(2011)「三年峠」, 板垣竜太他編『東アジアの記憶の場』, 河出書房新社를 참고.

6) 조선총독부 역사, 조선어, 일본어 교과서 집필자에 대해서는 다음을 참고. 김광식(2012)「조선총독부 편찬 일본어교과서『국어독본』의 조선설화 수록 과정 고찰」,『淵民學志』, 18집, 연민학회.

7) 다지마의 경력은 다음의 문헌을 참고.『朝鮮総督府官報』; 朝鮮総督府(2009)『朝鮮総督府及所属官署 職員録』1910年~1943年, 復刻版全33巻, ゆまに書房; 貴田忠衛編(1935)『朝鮮人事興信録』, 朝鮮人事興信録編纂部; 森川清人·越智兵一編(1935)『朝鮮総督府始政二十五周年記念表彰者名鑑』; 芳賀登他編(2001)『日本人物情報大系』79巻, 朝鮮編9, 皓星社; 朝鮮功労者銘鑑刊行會(1935)『朝鮮功労者銘鑑』, 民衆時論社 朝鮮功労者銘鑑刊行會.

1928년 11월 16일	大禮기념장 수여
1929-31년	조선총독부 임시교과서조사위원회 서기
1933년 4월 13일	서훈8등 瑞寶章 수여
1934년 8월 20일	평안북도 선천군수
1935년 10월	始政25주년기념 표창자
1935년 11월 2일	서훈7등 瑞寶章 수여
1935年 11月 27일-40년 12월 13일	평안북도 정주군수
1936년 5월 27일	府及所屬官署職員조선어장려시험임시위원, 朝鮮地方待遇職員조선어장려시험임시위원

다지마는 1893년 가고시마현 사쓰마군 센다이정(鹿兒島縣 薩摩郡 川內町) 출신으로 현립 센다이 중학교를 졸업하고, 1914년 조선에 건너와, 경성에서 임시교원양성소에서 교원자격을 취득하고, 거듭되는 표창을 받고, 군수까지 역임하는 등 학벌의 한계를 뛰어넘어 식민지에서 입신출세한 인물이다. 다지마는 1915년부터 함경북도에서 4년간 보통학교 훈도로 근무하고, 1918년 4월 경성으로 돌아와, 1921년 조선총독부 학무국에서 일하게 되면서, 조선어독본을 주로 담당하며, 조선어, 방언, 문학, 문화, 만화, 설화와 관련된 수많은 논문을 발표하였다. 다지마는 1923년 학무국과 교직에 종사하며, 재담집 『온돌야화』를 간행하였다.

다음으로 『온돌야화』의 서지 사항과 그 내용에 관해서이다. 『온돌야화』에는 본문 204쪽에 달하는 자료집으로 조선 재담 160편이 수록하였다. 『온돌야화』는 경성 黃金町(현 을지로)의 교육보성주식회사에서 1923년 10월 10일에 발간되었다. 정가는 80전이다. 문말의 「부기」에는 다음처럼 명기되어 있다.

일, 본서는 기지, 해학 속에 엿보이는 조선민족의 연구 자료로 수집 편찬한 조선의 짧은 소화집이다.

일, 요디경, 개권희희(開卷嬉嬉) 등의 언문 또는 한문 서적에서 역출(譯出)한 것 및 조선의 고로(古老), 친구 입에서 발설된 것을 모은 160편을 실었다.

일, 대체로 그 160편은 보통 소화와 언어의 비틈, 소위 언어상의 유희에 흥미를 둔 소화 2종류로 나눌 수 있다. 필요하다고 생각되는 것에는 그 끝에 주를 달아 설명을 부가하였다.[8)]

첫째로, 『온돌야화』가 '조선민족의 연구자료'로 편찬된 것이라는 점은 매우 중요하다. 다지마가 다망한 학무국 직원과 교직 생활 중에 본서를 발간하게 된 것은, 조선 재담 안에 조선민족을 이해하는 열쇄가 있다고 생각했기 때문이다. 이러한 생각은 서문을 쓴 당시 학무국 편집과 편수관 오구라 심페이(小倉進平, 1882-1944)와 현헌(玄櫶)(1880-1939)의 서문을 통해서도 확인할 수 있다. 오구라는 '한 개인 또는 민족이 어떠한 종류의 위트를 즐기는가를 관찰함으로써, 우리는 그 개인 또는 민족의 마음의 경향 또는 사회의 상태 등을 미루어 알 수 있다."고 지적하였고, 현헌은 "나의 동료 뎐도(田島)씨가, 우리말을 연구할제, 여러 방면으로 셥럽하야, 지금은, 그 조예의 깁흠이, 가히 경복할 만한대, 맛참내, 이 무리의 말을 모아, 셩편"했다고 그 의미를 평가했다.[9)] 이처럼 오구라의 인식과 마찬가지로 다지마는 짧은 재담집을 통해, 학무행정을 위해 조선을 이해하는 서적으로 본서를 편찬한 것이다.

둘째로 문제는 160편의 채집 및 수록경로인데. 이에 대해서 다지마는

8) 田島泰秀(1923) 『温突夜話』, 教育普成株式會社, p.204.
9) 田島泰秀(1923) 『温突夜話』, 教育普成株式會社, 오구라 일본어 서문과 현헌의 한글 머리말.

『요지경』과 『개권희희(開卷嬉嬉)』 등의 서적과, 조선의 노인 및 친구로부터 모은 것이라고 명기하였다.

『요지경(瑤池鏡)』은 박희관이 1910년 수문서관(修文書館)에서 한글로 발행한 재담집으로 185화의 재담을 수록했다. 또한 『개권희희(開卷嬉嬉)』는 최창선이 1912년 신문관에서 국한문혼용으로 발행한 재담집으로 100화의 재담이 수록되어 있는데, 30퍼센트 이상이 대한매일신보의 연재기사를 전재한 것이다. 근대 재담집에 대한 연구는 최근 활발히 이루어지고 있는데, 정명기는 이를 발굴, 집대성하여 『한국재담자료집성』 전3권(보고사, 2009)을 간행하였다. 정명기에 연구에 따르면, 한글, 한문현토문 등으로 간행된 재담집은 식민지시기에 20종 이상이 발간되었고, 그 대부분이 1920년대에 발행되었다.[10] 이러한 당대의 상황을 반영하여, 다지마는 한글 등으로 간행된 자료집을 참고하여 재담집을 간행했음을 확인할 수 있다. 실제로 본문 중에는, 한글로 표기된 부분이 산재하며, 조선 특유의 용어 및 번역 곤란한 부분 등을 조선어로 표기하고 있어 흥미롭다.

셋째로 다지마는 소화를 보통 소화와 언어상의 유희 소화로 크게 2종류로 구분하고, 특히 언어상의 유희에 대해서는 조선어를 모르는 일본인 독자를 위해 주를 달았다. 이러한 주는 재담집을 번역하는 양상을 검토하는데 유익한 자료로 판단된다. 앞으로 한글 등으로 간행된 재담집과 비교하여, 다지마의 자료집을 대조 검토하는 작업이 요청된다. 이러한 선별작업과 더불어, 그 변형과 수록 경향에 대한 종합적인 고찰이 요구된다.

10) 정명기(2008) 「일제치하 재담집에 대한 재검토」, 『국어국문학』, 149호를 참고.

참고문헌

김광식(2012)「조선총독부 편찬 일본어교과서『국어독본』의 조선설화 수록 과정 고찰」『淵民學志』 18집, 연민학회.

김환희(2007.1)「「삼년고개」는 우리 옛이야기일까?」『열린어린이』 50.

심은정(2003)「「삼년고개」와「산넨도게(三年とうげ)」비교연구」『일본학보』 55, 한국일본학회.

정명기(2008)「일제치하 재담집에 대한 재검토」『국어국문학』 149호.

천혜숙(2007)「한일 '삼년고개' 설화의 비교로 본 설화 원류의 문제」『비교민속학』 33집, 비교민속학회.

천혜숙(2009)「설화의 개작과 식민지 근대의 주입」, 안동대 인문과학연구소편『동아시아와 한국의 근대』, 월인.

三ツ井崇(2008)「『三年峠』をめぐる政治的コンテクスト—朝鮮総督府版朝鮮語教科書への採用の意味—」『佛教大学総合研究所紀要』, 2008別冊.

三ツ井崇(2011)「三年峠」, 板垣竜太他編『東アジアの記憶の場』, 河出書房新社.

朝鮮総督府『朝鮮総督府官報』

朝鮮総督府(2009)『朝鮮総督府及所属官署 職員録』1910年~1943年, 復刻版全33巻, ゆまに書房.

貴田忠衛編(1935)『朝鮮人事興信録』, 朝鮮人事興信録編纂部.

森川清人·越智兵一編(1935)『朝鮮総督府始政二十五周年記念表彰者名鑑』

芳賀登他編(2001)『日本人物情報大系』79巻, 朝鮮編9, 皓星社.

朝鮮功労者銘鑑刊行會(1935)『朝鮮功労者銘鑑』, 民衆時論社朝鮮功労者銘鑑刊行會.

田島泰秀(1923)『温突夜話』, 教育普成株式會社.

温突夜話

序文

人間《にんげん》に笑《わらひ》といふものが無《な》かつたら、此《こ》の世《よ》の中《なか》はどんなに淋《さび》しく又眞暗《またまつくら》なものになつてしまふことだらう。「笑《わら》ふ門《かど》には福來《ふくきた》る」「笑《わら》ふ顔《かほ》に矢立《やた》たず」「笑ふ顔《かほ》は打《う》たれぬ」などは、何《いづ》れも笑《わらひ》なるものが、今日《こんにち》の功利《かうり》的《てき》な世人の心に限《かぎ》りなき休息《きうそく》と温《あたゝ》かい慰安《ゐあん》さを與《あた》へるものなることを示《しめ》したものではなからうか。加之《しかのみならず》笑《わらひ》は吾人《ごじん》の腹《はら》のどん底《そこ》から流《なが》れ出《で》る偽無《いつはりな》き心《こゝろ》の發露である。隨《したが》つて或《あ》る箇人《こじん》又《また》は民族《みんぞく》が如何《いか》なる種類《しゆるい》のウイットを喜《よろこ》ぶかを觀察《くわんさつ》することによつて、吾人《ごじん》は其《そ》の箇人《こじん》又《また》は民族《みんぞく》の心《こゝろ》の傾向《けいかう》又《また》は社會《しやくわい》の相態等《さうたいとう》を推知《すいち》することが出來《でき》る。——笑《わらひ》の研究《けんきう》——は此の點《てん》に於《おい》て頗《すこぶ》る重大《ちうだい》なる意《い》義《ぎ》と價値《かち》とを有《いう》して居《ゐ》る。田島君《たじまくん》は熱心《ねつしん》なる朝鮮研究家《ちやうせんけんきうか》である。夙《と》くから朝鮮《ちやうせん》に於《おい》て此《こ》の種《しゆ》の研究《けんきう》の必要《ひつえう》あるを感《かん》じ、公務《こうむ》のかたはら此等《これら》に關《くわん》する幾多《いくた》の資料《しりやう》を蒐集整理《しうしふせいり》し、終《つひ》に本書《ほんしよ》を成《な》すに至《いた》つた。其《そ》の勞《らう》や誠《まこと》に大《だい》なるものがある。世人《せじん》はこれによつて朝鮮人《ちやうせんじん》の心理《しんり》の一斑《いつはん》を窺知《うかゞひし》るを得《う》べく、尚《な》ほ又民族學《またみんぞくがく》が本書《ほんしよ》によつて與《あた》へられる光明《くわうみやう》も、蓋《けだ》し少《すく》なからぬものがあらうと信《しん》ずる。

大正十二年　月

小倉進平

마리말

대뎌죠션에셔、이와갓흔우숨거리의말이、젼릐하는것은적지안이ᄒᆞ야、문인과지ᄉᆞ가、회합한ᄯᅡ리에셔、좌흥을더하는지료로、만히옴기든터인대、이말을、들을째에、우리가몸으로중험할새、그효과를길게설어설명할필요업시、일죵의감졍을죠화하야、좌셕에화긔가싱기든바이와다、그러하나、이것을수집한척ᄌᆞ가수죵에불과함중、더욱、이를국어로번역한것을보지못하얏드니、나의동료뎐도「田島《뎐도》」씨가、우리말을연구할제、여러방면으로섭렵하야、지금은、그조예의깁흠이、가히경복할만한대、맛참너、이무리의말을모아、셩편합을당하야、불민한나에재、척권머리에、두어말로、

이 책이 싱기는、개략을 긔록하라는 청을 맛고、할수업시、것친 말로 두어마듸 쓰나이다。

대졍임술 칫여름

후학 현헌 삼가 씀

自序

そら恍けた落語家《はなしか》の口《くち》からピョコピョコ跳《と》び出す熊公《くまこう》や八公《はちこう》の面白《おもしろ》さ、羨《うらやま》しいのは落語家《はなしか》と云《い》う商賣《せうばい》である、だが然《しか》し、博學《ものしり》の家主《おつや》さんや、べラメンーの金公《きんこう》、戀病《こいわづらい》の與太郎《よたろう》や若旦那《わかだんな》の猪之《いの》はんたちに對《たい》して、私《わたし》はどれだけ感謝《かんしや》せなければならぬ事《こと》だろう。

溫突夜話《おんどるやわ》は、朝鮮《ちよせん》の熊公《くまこう》や八公《はちこう》の紹介《しよかい》である、少《すくな》くとも私一人《わたくしいちにん》にとつては、お目出度《めでた》い郡守《ぐんしゆ》や、忘《わす》れつぽい生員《センダウオン》、法螺《ほら》吹きの吏房《イバンダ》や、寢恍《ねとぼ》けた總角《チヨンガク》、こしやまくれた少年《せうねん》や皮肉《ひにく》な高子《コデヤ》、暢氣《のんき》な令監《ヨンガム》なぞ、斯《か》うした朝鮮《てうせん》の八公《はちこう》や熊《くま》さんに近親《ちかづき》になる事《こと》が、少《すこ》しだつて無意義《むいぎ》でないどころか、かねつて無上《むじやう》の光榮《こうえい》であり、幸福《こうふく》であると云《い》ふ確信《かくしん》に驅《か》られての上《うへ》の潜越《せんゑつ》であつた。

只《たゞ》懼《おそ》るるは、拙文《せつぶん》、郡守《ぐんしゆ》、生員《セングウオン》の怒《いか》りを買《か》わん事《こと》のみ。

大正十一年三月

編　者

目次

溫突夜話

一、勉強家《べんきやうか》の卓氏《たくし》

卓春秋《たくしゆんじう》と云《い》ふ人《ひと》は、三度《さんど》の飯《めし》より本《ほん》を讀《よ》む事《こと》が好《す》きで、常住座臥《じやうぢうざぐわ》手《て》から書籍《しよせき》を離《はな》した事《こと》のないと云《い》ふ頗《すこぶ》るつきの勉強家《べんけうか》であつた、或《あ》る時《とき》、驢馬《ろば》に乘《の》つて友人《ゆうじん》を訪《たづ》ねたが途中《とちう》例《れい》の如《ごと》く馬上《ばじやう》にあつて讀《よ》み耽《ふけ》つて居《ゐ》る中《うち》、何時《いつ》の間《ま》にやら手綱《たづな》の方《ほう》が御留守《おるす》になつて居《ゐ》た、もと〳〵たちのよくない驢馬《ろば》のやつ、中途《ちうと》で歩《ある》くのが厭《いや》になつたものだから、くるりと向《む》きを變《か》へて家《うち》の方《ほう》へと引《ひ》つ返《かへ》して來《き》た、妻君《さいくん》が愛想《あいそ》よく笑《わら》つて出迎《でむか》へるゝ、生員《セングウオン》●●● ニコリともせず本《ほん》を顔《かほ》におしあてゝ、

「あゝこの家《いへ》も滅亡《おしまい》だ、女《をんな》がよその男《をとこ》を見《み》て笑《わら》う樣《やう》じやあ」

註 朝鮮《てうせん》では二度嫁《ごか》した女《をんな》が夫以外《いぐわい》の他《た》し男《をとこ》と面《おもて》を合《あ》わせ、言葉《ことば》を交《かは》すことは婦德《ふとく》を忘《わす》れた慎《つゝし》みなき行爲《かうゐ》させられて居る

二、夫《をつと》を放《はう》り投《な》げる妻《つま》

田舍《ゐなか》の人《ひと》が、まだ子供《こども》の息子《むすこ》にずつと年上《としうへ》の嫁《よめ》をもらつた、或《あ》る夕方《ゆふがた》、息子《むすこ》が嫁《よめ》に

「早《はや》く飯《めし》を食《く》わせろ」

と云《い》うと、年上《としうへ》の嫁大《よめおほ》いに怒《いか》り、

「まあ、生意氣《なまいき》だよ此《こ》の子《こ》は、食《く》わせろなんて誰《だれ》に向《むか》つて云《ゆ》うのだろう」

と兩《れう》の向《むか》ふ脛《ずね》をとつて屋根《やね》の上《うへ》に放《はう》り投《な》げた、折《をり》から畑仕事《はたけしごと》をすまして歸《かへ》つて來《き》た母親《はゝおや》の姿《すがた》を見《み》て、放《はう》り投《な》げられた拍子《へうし》に屋根《やね》を這《は》つて居《ゐ》る南瓜《かぼちや》の蔓《つる》にひつかゝり、すんでのことに倒《たふ》れる所《ところ》を危《あやう》く踏《ふ》みこたえた息子《むすこ》、そしらぬ體《てい》で妻《つま》を顧《かへり》み、

「おい、南瓜《かぼちや》は大《おほ》きい方《はう》にしようか、小《ちい》さい方《はう》にしようか」

註　朝鮮《てうせん》の夫婦《ふうふ》は普通《ふつう》に男《をとこ》が年下《としした》で女《をんな》の方《はう》が年《とし》が多《おほ》い、早婚《そうこん》は一般《ぱん》に男《をとこ》にある、七八才《さい》にして十も年上《としうへ》の嫁《よめ》を貰《もら》つて居《ゐ》る書房님（妻帶者の敬稱）が田舍《ゐなか》には今《いま》もよくある、

三、二人《ふたり》の婿《むこ》

或人《あるひと》が二人《ふたり》の娘《むすめ》にそれぞれ婿《むこ》をとつたが、姉婿《あねむこ》の方《ほう》が至《いた》つて學者《がくしや》なのに引《ひ》き替《か》ねて妹婿《いもとむこ》は極《ご》く極《ご》くの無學《むがく》と來《き》て居《ゐ》た、父親《てゝおや》は姉婿《あねむこ》のみを愛《あい》して妹婿《いもとむこ》を疎《うと》んじた、恰度《ちやうど》還《かん》暦《れき》の祝日《しゆくじつ》、父《ちゝ》は姉婿《あねむこ》に向《むか》い、

「今日《けふ》は、お客樣《きやくさま》も大分御見《だいぶんおみ》えになる筈《はず》だから、風月《フンゲチオル》（詩の一種）の一《ひと》つも無《な》くては興《けう》が薄《うす》かろう、お前御苦勞《まへごくらう》ながら一《ひと》つ作《つく》つて呉《く》れまいか」と云《い》うと、姉婿《あねむこ》は「心得《こゝろえ》ました、お父《とう》さんが韻字《ゐんじ》さへ御出《おだ》し下《くだ》されば何時《いつ》でもおつくり申《まを》します」との返事《へんじ》、やがて、客《きやく》が皆集《みなあつま》つた時《とき》、父親《ちゝおや》は、『緣故《えんこ》』と云《い》う『故《こ》』の字《じ》を韻字《ゐんじ》として出《だ》した。姉婿《あねむこ》は聲《こゑ》に應《おう》じて、

鶴之《つるの》善《よく》鳴長頸故《なくはながきくびのゆゑ》　山《やま》之《の》高也《たかきは》石《いし》多故《おほきゆゑ》
松《まつ》之《の》長青中硬故《ながくあをきはなかつよきゆゑ》　路《ろ》柳《りう》不長行人故《ながからざるはこうじんのゆゑ》

さやつたから、義父《ちゝ》を初《はじ》め、賓客一同膝《ひんきやくいちどうひざ》を打《う》つて稱讃《せうさん》したが、只一人傍《たゞひとりかたは》らに控《ひか》へた妹《いもと》婿《むこ》だけは、少《すこ》しも感心《かんしん》せず、鼻《はな》の先《さき》でフフンと笑《わら》ひながら此《こ》の詩《し》を批評《ひへう》して曰《いは》く、

蟬《せみ》の善《よ》く鳴《な》くのも頸《くび》が長《なが》い故《から》だし、

空《そら》の高《たか》いのも石《いし》が多《おほ》い故《から》だし、

竹《たけ》が長《なが》くて青《あを》いのも中《なか》が硬《つよ》い故《から》だし、

義母《おかあ》さんの背《せい》が延《の》びぬのも人通《ひとどほ》りが多《おほ》い故《から》だ。

とやつたので、客人皆拍手大笑《きやくじんみなはくしゆたいせう》し、母親《はゝおや》までか引合《ひきあ》いに出《だ》されてえらい恥《はぢ》をかいた

四、三《さん》年《ねん》坂《ざか》

慶尙道《けいせうどう》に三年坂《さんねんさか》と云《い》う坂《さか》があつて、この坂《さか》で轉《ころ》んだ者《もの》は三年以内《さんねんいない》に必《かなら》ず死《し》ぬと昔《むかし》から傳《つた》えられている。だから誰《たれ》でもこの坂《さか》を通《とほ》る時《とき》は充分念《じうぶんねん》を入《い》れて轉《ころ》ばぬ樣《やう》にする。

或《あ》る老人《ろうじん》が市場《いちば》に行《い》つて歸《かへ》りがけ、恰度此《ちやうどこ》の坂《さか》にさしかゝると、どうしたはづみか、

すべつて轉《ころ》んでしまつた、生《い》きた心地《ここち》もなく、家《うち》に歸《かへ》り、息子《むすこ》を呼《よ》んで、俺《おれ》の命《いのち》もあと三年《さんねん》しかもたぬ、我《われ》なきあとは……など遺言《ゆいごん》して居《ゐ》るところへやつて來《き》たのは近《きん》所《じよ》の醫者《ゐしや》であつた、老人《らうじん》を慰《なぐさ》めて、私《わし》がうまい方法《ほうく》を知《し》つて居《ゐ》ると云《い》うから、老人《らうじん》が喜《よろこ》び、いい方法《ほうく》があつたら早《はや》く敎《をし》ねてくれとせく。

『もう一遍三年坂《いつぺんさんねんざか》に行《い》つて轉《ころ》げるんですな』

老人怒《らうじんおこ》るまいことか、

『とんでもない、そんな事《こと》をしたら、おれの命《いのち》はその場《ば》でなくなるじやないか』

と枕《まくら》を振《ふ》り上《あ》げて、なぐろうとすれば、かの醫者《ゐしや》、

『まあ急《せ》かずに愚老《ぐろう》の云《い》ふことを聞《き》かつしやい、一遍轉《いつぺんころ》んで三年生《さんねんい》きると云《い》ふんでせう、だつたら二《に》遍轉《へんころ》べば六年《ろくねん》、三遍轉《さんぺんころ》べば九年《くねん》、四《し》遍轉《へんころ》べば十二年《ねん》、こんなうまい話《はなし》が何處《どこ》の世界《せかい》にあるものですか』

老人初《らうじんはじ》めて合點《がてん》が行《ゆ》き、『成《な》る程《ほど》、成《な》る程《ほど》それに違《ちがひ》ない』と再《ふたゝ》び三年坂《さんねんさか》にとつて返《かへ》し

めつたやたらに轉《ころ》げながら、「どうぞころげる程《ほど》長生《ながいき》が出來《でき》ます樣《やう》」といのる時《とき》しも空中《くうちう》に聲《こゑ》あり、
「心配《しんぱい》するな、東方朔《とうぼうさく》も此《こ》の坂《さか》で千邊轉《せんぺんころ》げたんだ」

註　東方朔は支那漢の時代の人で五百年生きたと傳へられる、

五、　坊主《ばうず》は此處《こゝ》に居《ゐ》た

昔《むかし》、旅《たび》の男《をとこ》があつた、或夜《あるよ》、一人《ひとり》の旅僧《たびそう》と、とある宿屋《やどや》に枕《まくら》を並《なら》べたが、此《こ》の旅僧《たびそう》男《をとこ》の熟睡《じゆくすい》を見《み》すまし、その頭髪《とうはつ》をチョン切《き》つた上《うへ》、枕《まくら》もとにあつた行嚢《たびづゝみ》を盗《ぬす》んで何《いづ》れにか逐電《ちくでん》した、翌朝《よくてう》、目《め》を覺《さ》ました男《をとこ》は、行嚢《たびづゝみ》の紛失《ふんじつ》に氣《き》がつき、驚《おどろ》いて主人《しゆじん》を呼《よ》び旅僧《たびそう》の行衛《ゆくゑ》を探《たづ》ねたけれども、皆目《かいもく》わからぬ、フト頭《あたま》に手《て》をやると、コワ如何《いか》に、チヨンマゲの紛失《ふんじつ》！　二度《にど》びつくりしたかの男《をとこ》、
「ヤア、居《ゐ》た、居《ゐ》た、亭主《ていしゆ》、坊主《ばうず》は此處《こゝ》に居《ゐ》た、だが、して見《み》ると、ハテナ、今度《こんど》は

俺《おれ》の行衛《ゆくゑ》がわからない」

註　チヨンマゲを頭の上にのつけてる人は中年老年の鮮人に今尚多く見うける、斷髪は新らしい風俗である

六、이여차《イヨオヤ》が옥수수경단《オクススキヨンダタン》

愚《おろ》かな男《をとこ》、或時《あるとき》、妻《つま》の里《さと》に行《い》つて、玉蜀黍《とうもろこし》の團子《だんご》をよばれたが、大變《たいへん》うまいので名《な》をたづねると、丈母《はゝおや》が、

「옥수수경단《オクススキヨングタン》（玉蜀黍《とうもろこし》の團子《だんご》）と云《い》ふものです、貴郎《あなた》のお嫁《よめ》さんはよく知《し》つてるから、食《く》い度《た》かつたらこさへてお貰《もら》いなさい」

との返事《へんじ》、大《たい》そう喜《よろこ》んで暇《いとま》を告《つ》げたが、途中《とちう》で忘《わす》れては大變《たいへん》と、歩《ある》きながら、옥수수《オクスス》경단《キヨンタン》、옥수수경단《オクススキヨングタン》、と連呼《れんこ》して行《ゆ》く中溝《うちみぞ》の所《ところ》え來《き》た。

「이여차《イヨオヤ》（よいやさ）」

と掛聲《かけごゑ》勇《いさ》ましく跳び超《こ》えたら、今度《こんど》は옥수수경단《オクススキヨングタン》が이여차《イヨオヤ》に變《かは》つてしまつた、이여차《イヨオヤ》

이여차《イヨチヤ》と言《い》ひながら、家《うち》にかへるや否《いな》や、

「おい이여차《イヨチヤ》をこしらねて呉《く》れ」

と妻君《さいくん》にねだると、面喰《めんく》らつた妻君《さいくん》、

「이여차《イヨチヤ》？　それは繩《なは》を引《ひ》つ張《は》る時《とき》に出《だ》す掛聲《かけごゑ》じやありませんか、それだつたら繩《なは》を引《ひ》つ張《は》る人《ひと》の所《ところ》へ行《い》つて御賴《おたの》みなさい」

愚かな人「でもお前《まへ》のお母《かあ》さんが大變《たいへん》이여차《イヨチヤ》をつくる事《こと》が上手《ぜうず》だつて云《い》つてたよ」

妻君「옥수수경단《オクススキヨンダン》ならつくれますけれども이여차《イヨチヤ》なんて知《し》りませんよ」

愚かな人「それそれ、其《そ》の옥수수경단《オクススキヨンダン》が여이차《イヨチヤ》さ」

七、名妓《めいぎ》の夫選《つまえらび》

平壤《へいぜう》に名妓《めいぎ》があつて名《な》を玉仙《ぎよくせん》と云《い》つた、容色《みめ》美《うる》わしく、財産《ざいさん》かあつて、其《そ》の上《うへ》、歌《か》舞音曲《ぶおんぎよく》何一《なにひと》つとして出來《でき》ぬものがないと云《い》う、花柳界《かりうかい》きつての流行《はやり》つ子《こ》であつた、常《つね》

に快活有識《くわいかつゆうしき》な男《をとこ》を夫《をつと》にし度《た》いと思《おも》い、何人《なにびと》たるを問《と》はず我《わ》が數行《すうぎやう》の詩《し》に對作《たいさく》し得《え》る人《ひと》があつたら、終身侍奉《しうしんぢほう》して身財共《しんざいとも》に許《ゆる》そうと云《い》つて居《ゐ》た、そこで學有《がくあ》り、才備《さいそな》わる風《ふう》流佳士《りうかし》、陸續《りくぞく》として絶《た》えず來《きた》り、玉仙《ぎよくせん》の詩《し》に對作《たいさく》したが彼《か》の女《ぢよ》の批評《ひへう》にあつては悉《ことごと》く落第《らくだい》するばかりであつた。

吾家《わがいえ》に一壺《いつこ》の酒《さけ》あり。
天《てん》には天逸《てんいつ》の酒《さけ》、
地《ち》には地逸《ちいつ》の酒《さけ》、
大壺《だいこ》小壺《せうこ》二十四壺《こ》なり。
金《きん》の飲《の》むも許《ゆる》し、
李《り》の飲《の》むも之《これ》を許《ゆる》す。
一度許《ひとたびゆる》して後《のち》、醉《よ》うと醉《よ》わざるとは吾《われ》の關《かん》せざる所《ところ》なり。

と云《い》うのが玉仙《ぎよくせん》の詩《し》であつた。

或《あ》る時《とき》、一人《ひとり》の先生《せんせい》が見《み》えて之《これ》に對作《たいさく》した。

吾家《わがいえ》に一冊《いつさつ》の書《しよ》あり。

天《てん》には天文學《てんもんがく》、

地《ち》には地文學《ちもんがく》、

大冊《だいさつ》小冊《せうさつ》二十四冊《さつ》なり。

金《きん》の學《まな》ぶも教《をし》え、

李《り》の學《まな》ぶも之《これ》を教《をし》ゆ。

一度教《ひとたびをし》ねて後《のち》、通《つう》すると通《つう》せざるとは吾《われ》の關《かん》せざる所《どころ》なり。

玉仙《ぎよくせん》が批評《ひへう》するのに、

「酒《さけ》を飲《の》まして醉《よ》うと醉《よ》わぬは自分《じぶん》の知《し》つた事《こと》でないと云《い》ふのは聞《きこ》えるけれども、先生《せんせい》が本《ほん》を教《をしへ》て通《つう》ずると通《つう》じないのは自分《じぶん》の知《し》つた事《こと》でないと云《い》うのは面白《おもしろ》くない」

或《あ》る日《ひ》、一人《ひとり》の醫者《いしや》が訪《たづ》ねて來《き》て對作《たいさく》した。

吾《わが》家《いえ》に一《いつ》服《ぷく》の藥《くすり》あり。
天《てん》には天《てん》門《もん》冬《どう》、
地《ち》には地《ち》骨《こつ》皮《ぴ》、
大《たい》藥《やく》小《せう》藥《やく》二十四服《ぷく》なり。
金《きん》病《や》むも服《ぷく》し、
李《り》病《や》むも之《これ》を服《ぷく》す。
一度服《ひとたびふく》して後《のち》、効不効《こうふこう》は吾《われ》の關《かん》せざる所《ところ》なり。

玉仙《きよくせん》が之《これ》を批評《ひへう》して、
「醫師《ゐし》たる者《もの》が、藥《くすり》を投《とう》じて、効不効《こうふこう》は知《し》つた事《こと》でないというは無責任《むせきにん》である」

或《あ》る日《ひ》、一人《ひとり》の山僧《さんそう》が訪《おとづ》れて。
吾《わが》家《いえ》に一體《いつたい》の佛《ほとけ》あり。
天《てん》には天《てん》王の佛《ぶつ》、

地《ち》には地《ち》藏《ぞう》の佛《ぶつ》。
大《だい》佛《ぶつ》小《せう》佛《ぶつ》二十四佛《ぶつ》なり。
金《きん》請《こ》うも祈《いの》り、
李《り》請《こ》うも之《これ》を祈《いの》る。
一度《ひとたび》祈《いの》つて後《のち》、福不福《ふくふく》は吾《われ》の關《かん》せざる所《ところ》なり。

玉仙《ぎくせん》之《これ》を批評《ひへう》するのに、
「山僧《さんそう》が佛《ほとけ》に禱《いの》つて福不福《ふくふく》は自分《じぶん》の知《し》つた事《こと》でないと云《い》ふのは聞《きこ》えぬ」
或日《あるひ》、一人《ひとり》の乞食《こじき》がやつて來《き》た。

吾家《わがいえ》に一《ひと》つの瓢《ひさご》あり。
天《てん》には天日《てんじつ》の瓢《ひさご》、
地《ち》には地瓔《ちえい》の瓢《ひさご》、
大瓢《だいへう》小瓢《せうへう》二十四瓢《へう》なり。

金《きん》の宴《ねん》にも乞《こ》い、
李《り》の宴《えん》にも之《これ》をもて乞《こ》う。
一度《ひとたびと》乞うて後《のち》、罷《や》むと罷《や》まざるは吾《われ》の關《かん》せざる所《ところ》なり。

玉仙《ぎよくせん》が大層《たいそう》喜《よろこ》んで、

『乞食《こじき》が酒食《しゆしよく》を乞《こ》うて後《のち》、宴會《えんくわい》が罷《や》められようが罷《や》められまいが、乞食《こじき》にとつて何《なん》の關係《かんけい》があろう、之《これ》こそ眞《しん》に自分《じぶん》を知《し》るの人《ひと》である』

と遂《つひ》に此《こ》の乞食《こじき》に身《み》を任《まか》せた。

註　「君《きみ》は今駒館《いまこまかた》あたり時鳥《ほとゝぎす》」の名句《めいく》を殘《のこ》した高尾《たかを》の樣《やう》な遊女《ゆうぢよ》か今《いま》の内地《ないち》に見られなくなつた樣《やう》に、朝鮮《てうせん》の妓生《ぎせい》でも詩歌《しいか》の道《みち》に秀《ひい》で才色《さいしよく》の譽《ほまれ》を殘《のこ》したのは皆昔《みなむかし》の妓生《ぎせい》であつた、

八、　先生《せんせい》が生徒《せいと》に一《いつ》ぱい喰《く》わされた話《はなし》

昔《むかし》、ある書堂《しよどう》の先生《せんせい》が生徒《せいと》たちの智慧《ちゑ》を試《ため》して見《み》ようと思《おも》はれて、或日《あるひ》、

「お前たちの中、誰でもいゝから此《こ》の室《へや》の中《なか》に居《ゐ》る私《わたし》を室《へや》の外《そと》へ出《だ》すことの出來《でき》た者《もの》には御褒美《ごほうび》を上《あ》げよう」

と仰つしやると、生徒《せいと》たちは何《いづ》れも顔《かほ》を見合《みあは》せて、頓《とみ》に應《こた》える者《もの》もなかつたが、暫《しばら》くして一人《ひとり》の子供《こども》が室《へや》の外《そと》に出《で》て、

「室《へや》の中《なか》に居《ゐ》らつしやる先生《せんせい》を室《へや》の外《そと》へ出《だ》す事《こと》は中々《なか〳〵》難《むつか》しくて迚《とて》も吾々《われ〳〵》には出來《でき》ませんけれども、室《へや》の外《そと》に居《ゐ》らつしやるんでしたら中《なか》へお入《い》れ申《まを》す事《こと》は出來《でき》ます」

と云《い》う。

「外《そと》から中《なか》に入《い》れる事《こと》だつて、矢張《やはり》むつかしいよ」

こう云《い》いながら、ウッカリ先生《せんせい》が外《そと》へ出《で》られたので御褒美《ごほうび》は此《こ》の子供《こども》のものとなつた。

註　書堂(서당又は글방)は從來の朝鮮の初等教育を授ける所で、六七歲以上の生徒が集つて千字文、類合、童蒙先習、啓蒙篇、通鑑等た習い文字や世の中の理屈、支那の歷史などを會得し、一方漢文の作文、作詩の練習などもする。

九、京城《けいぜう》の商人《せうにん》、田舎者《ゐなかもの》にしてやられた話《はなし》

一人《ひとり》の田舎者《ゐなかもの》が、正月《せうぐわつ》の十五日《にち》に、京城《けいぜう》に出《で》て來《き》たが、腹《はら》がすいたので一計《いつけい》を案《あん》じとある果物屋《くだものや》の店頭《みせさき》に立《た》つて主人《しゆじん》に向《むか》い、自分《じぶん》の衣服《きもの》を指《ゆび》さしながら「これは何《なん》です」と聞《き》いた。主人《しゆじん》は、

옷이오「衣服《きもの》です（いらつしやい）」

と答《こた》えたので、「承知しました」と中《なか》に這入《はい》り、そこにある栢《まつ》の實《み》を指《ゆび》さし、「これは何《なん》です」とたづねる。

잣이오《チヤシヨ》「まつのみです（お食《あが》んなさい）」

と來《き》たので、「では頂戴します」と云《い》ひながら、たらふく食《く》つてしまつた後《のち》、「これは何《なん》です」と今度《こんど》は自分《じぶん》の冠《かんむり》を指《ゆび》さした。

갓이오《カシヨ》「冠《かんむり》です（お歸《か》んなさい）」

と主人《しゆじん》が應《こた》へたので、「ハイ歸《かへ》りましよう」と其《そ》のまま行《い》つてしまつた。

註　옷이오（衣服です）잣이오（まつの實です）갓이오（冠です）其の發音が音便の關係上、오시오（いらつしやい）자시오（おあがんなさい）가시오（おかへんなさい）と同じくなる事が此笑話の要素をなして居る。

十、　塩賣《しほうり》につづく串柿賣《くしがきうり》

尾羽《をは》打《う》ち枯《か》らした兩班《やんばん》が、食《く》うに困《こま》つて何《なに》か商賣《せうばい》もがなと色々《いろいろ》思案《しあん》の末《すゑ》、辛《や》つと思《おも》いついて串柿《くしがき》を一荷《いつか》買《か》い込《こ》み、隣村《となりむら》へ賣《う》りに出《で》かけたが、

곳《コッ》감《カム》사《サ》려《リ》오《オ》（串柿《くしがき》はいりませんか）

と云《い》ふ掛聲《かけごゑ》がどうしても出《で》ない。

곳《コッ》감《カム》사《サ》게《ケ》（串柿《くしがき》はいらぬか）

と呼《よ》んだら村《むら》のやつらが怒《おこ》るだろうしと色々《いろいろ》考《かんが》へて居《ゐ》る所《ところ》に、

소《ソ》곰《コム》사《サ》오《オ》（塩《しほ》はいりませんか）

と塩賣《しほう》りが通《とほ》りかかつた。兩班早速其《やんばんさつそくそ》のあとに従《したが》ひ塩賣《しほうり》がゝ

소금사오《ソコムサオ》（塩《しほ》はいりませんか）

と呼《よ》べば其《そ》のあとにつゞけて、

곶감도《コツカムト》（串柿《くしがき》も）

註　兩班《やんばん》は上流又《じやうりうまた》は門閥高《もんばつたか》き人《ひと》の稱《しやう》で、朝鮮古來《てうせんこらい》の三大階級《たいかいきふ》、兩班《やんばん》、常民《じやうみん》、賤民《せんみん》の中《うち》の上位《じやうゐ》にある者《もの》で東《とう》班《はん》（文官《ぶんくわん》たり得《う》る家柄《いへがら》）西班《せいはん》（武官《ぶくわん》たり得《う》る家柄《いへがら》）の合稱《がふしよう》である、内地《ないち》の士族《しぞく》の様《やう》なもので昔《むかし》は中々《なかなか》幅《はゞ》を利《き》かしたものだ、常民《じやうみん》は普通《ふつう》の農工商《のうこうしやう》に從事《じゆうじ》するもの、賤民《せんみん》は最《もつと》も賤《いや》しい種族《しゆぞく》で、獸畜《じうちく》の屠殺《とさつ》、柳細工《やなぎさいく》、皮細工《かはざいく》等《とう》に從《じゆう》事《じ》する。白丁又《はくてうまた》は俳優《はいゆう》、僧尼《そうに》、娼妓奴婢《しやうぎぬひ》、巫覡の類《るい》を云ふ、

一、兩班《やんばん》の方《ほう》じや私《わたし》が上《うへ》

弟《おとうと》が兄《あに》に向《むか》ひ、

弟「年《とし》の順《じゆん》から行《ゆ》けば、兄《にい》さんが上《うへ》だけれども、兩班《やんばん》の方《ほう》から言《い》えば兄《にい》さんは私《わたし》にか

ないつこありませんよ」

兄「どうしてだい」

弟「でも兄《にい》さんが生《うま》れた時《とき》、うちのお父《とう》さんはやつと進士《しんし》だつたし、私《わたし》が生《うま》れた時《とき》は判書《はんしよ》だつたつて云《い》うじやありませんか」

註　進士《しんし》は科擧《くわきよ》（文官試驗《ぶんくわんしけん》）合格者《ごうかくしや》に與《あた》へられる稱呼《そうこ》で此《こ》の資格《しかく》を得《え》た者《もの》は、いろいろの高《たか》い官位《くわんゐ》につくことが出來《でき》るばかりでなく成均館《せいきんくわん》（儒學敎の諭任を掌る官衙）に入學《にふがく》することも許《ゆる》された。
判書《はんしよ》は六曹《そう》（吏曹《りそう》、戸曹《こそう》、禮曹《れいそう》、兵曹《へいそう》、刑曹《けいそう》、工曹《こうそう》）の首職《しゆしよく》、正二品《せいにひん》。

二、聾《つんぼ》の一《いつ》

五人《ごにん》の家族《かぞく》がそろいもそろつて聾《つんぼ》と來《き》て居《ゐ》た、或《あ》る日《ひ》、隣《となり》の人《ひと》が來《き》て主人《しゆじん》に向《むか》い、

「생님광이좀줍지오（御主人鍬《ごしゆじんくわ》をちよつとかして下《くだ》さい）」

と云《い》うと、主人《しゆじん》、

『내관닷돈주엇네《ネクワンタツトンチウオツネ》（私《わたし》の冠《かんむり》は五돈《トン》で買《か》つたよ）』
と答《こた》へる、隣人《となりのひと》が、
「아니요광이좀주셔요《アニヨクワングトチヨムチウソヨ》（いや鍬《くわ》をちよつとかして下《くだ》さいと云《い》つてるんですよ）」
と云《い》へば、主人《しゆじん》、
「그놈《クノム》、내관닷돈주엇다《ネクワンタツトンチウオツタ》（わからんやつだな、俺《おれ》の冠《かんむり》は五돈《トン》だつたと云《い》つてるじやないか）」
仕方《しかた》がないので隣《となり》の人《ひと》は歸《かへ》つてしまつた、主人《しゆじん》が妻君《さいくん》に向《むか》つて、
「옷집아모개가관을뭇기에《ウツチブアモケガクワンヌルムツキエ》내관닷돈주엇다고하얏지《ネクワンタツトンチウオツタゴハヤツチ》（隣《となり》の某《ぼう》が俺《おれ》の冠《かんむり》の事《こと》を聞《き》くから、五돈《とん》で買《か》つたと答《こた》へて置《お》いた」
と云《い》うと妻君《さいくん》は夫《をつと》の口《くち》を見《み》てうなづき、嫁《よめ》を呼《よ》んで、
「졉대잘두라고부탁하얏는과실가져오너라《チヨブナチヤルツラゴブタクハヤツツンクワシルカチヨオノラ》、아바님씌서찻는구나《アバニムキソチヤツヌンクナ》（先達《せんだつて》腐《くさ》らぬ樣《やう》にとつて置《お》きなさいと云《い》つた果物《くだもの》ね、あれをお父《とう》さんが探《さが》してらつしやるから、持《も》つてお

出で)」
嫁《よめ》は夫《をつと》に死《し》なれて寡婦《くわふ》であつたが、之《これ》を聞《き》いてムツとし、
「과부《クワブ》과부《クワブ》내가《ネガ》아무리《アムリ》과부《クワブ》지만《チマン》밤낫《パムナツ》과부《クワブ》라《ラ》하면《ハミヨン》누가《ヌガ》그리《クリ》、좃타하오《チヨツタハオ》(いくら私《わたし》が寡婦《くわふ》だからつて朝《あさ》から晩《ばん》まで寡婦《くわふ》寡婦《くわふ》とおつしやれば誰《だれ》が褒《ほ》めでもするんですか)」
そばで聞《き》いて居《ゐ》た下女《げぢよ》、
「아이고《アイゴ》광에《クワングエ》무엇이《ムオシ》잇다고《イツタゴ》광문《クワングムン》 광문《クワングムン》하시요《ハシヨ》광문《クワングムン》다《タ》닷쳣소《タツチヨツソ》(あらまあ物置《ものおき》の門《もん》がどうのこうのと物置《ものおき》の中《なか》に何《なに》かは入《はい》つてると思《おも》つてらつしやるんですか、物置《ものおき》の入口《いりくち》はしまつて居《ゐ》ますよ)」
下男《げなん》が之《これ》を聞《き》いて、
「과천은《クワチヨヌン》웨《ウエ》또《ト》가라고《カラゴ》접때《チヨプチ》갓다《カツタ》왓는데《ワツヌンデ》무삼《ムサム》일이《イリ》잇서서《イツソソ》또《ト》가라노《カラノ》(果川《くわせん》には此《こ》の前《まへ》行《い》つて來《き》たじやないか、何《なん》の用事《ようじ》があれば又《また》行《ゆ》くんだい)」
皆《みな》が皆《みな》、自分《じぶん》の事《こと》ばかり考《かんが》えて耳《みヽ》の聞《きこ》えぬ事《こと》に氣《き》のつかぬ所《とこツ》、所謂《いわゆる》自過不知《じかふち》とは此《こ》の

事《こと》であろうか。

註　광이（鍬）　광문（物置の門）　과실（果物）　과천（果川）　과부（寡婦）
何れも其音が似て居るところから、こうした笑話が出來たのだろう。

二三、厠《かわや》に逃《に》げる兩班《やんばん》

常漢《ぜうかん》がある時《とき》、官題《かんだい》を持《も》つて兩班《やんばん》の所《ところ》に行《ゆ》き、教《をしへ》を乞《こ》うた、兩班《やんばん》は自分《じぶん》の無學《むがく》を遁《のが》れんが爲《た》め、何食《なにく》わぬ大聲《おほごゑ》で、

兩班「ああ俺《おれ》は恰度《ちやうど》今《いま》、糞《くそ》が放《ひ》りたくなつて來《き》た、たづねるものがあつたらあとから持《も》つて來《こ》い」

常漢「では此處《こゝ》で御待《おま》ち申《まを》しましよう」

兩班《やんばん》、厠《かわや》に蹲《うづくま》る事約一時間《ことやくいちじかん》、足《あし》は痺《しび》れる、臭《くさ》さは臭《くさ》し、糞蠅《くそばえ》はたかる、どうにもこうにも辛抱《しんぼう》が出來《でき》なくなつたので、そつと中《なか》から常漢《ぜうかん》の動靜《こうせい》を覗《うかゞ》うと、常漢相變《ぜうかんあひかわ》らず

キヨトンとして待《ま》つて居《を》る。

両班「おれの糞《くそ》は長《なが》い糞《くそ》だから、一邊歸《いつぺんかへ》つて出直《でなほ》して來《き》てはどうか」

常漢「いゝえ、私《わたし》には別《べつ》に用事《ようじ》もありませんから御心配《ごしんぱい》なくどうぞ御悠《ごゆつく》りと」

両班《やんばん》たまりかね、煙管《きせる》を上《あ》げて厠《かわや》の柱《はしら》を猛打《もうだ》し、大聲叱呼《たいせいしつこ》して曰《いは》く、「常漢《ぜうかん》の分際《ぶんざい》にて、無禮千萬《ぶれいせんばん》にも、両班《やんばん》の用便《ようべん》を監視《かんし》するとは何事《なにごと》だ、よし此《こ》の上《うへ》は靴百《むちひやく》を與《あた》へ呉《く》れん」

常漢之《ぜうかんこれ》を聞《き》き魂《たましい》天外《てんぐわい》に飛《と》んで逃《に》げ去《さ》つた。

註　常漢は前述の常民と同じ

一四、傲慢《ごうまん》な常漢《ぜうかん》

昔《むかし》、一人《ひとり》の常漢《ぜうかん》が牛《うし》に乘《の》つて行《ゆ》く道《みち》で、馬《うま》に乘《の》つた両班《やんばん》に出會《でくわ》した、常漢《ぜうかん》が挨拶《あいさつ》をすると、両班大《やんばんおほ》いに怒《いふ》り、

『ふらちな常漢《ぜうかん》！ 両班《やんばん》に對《たい》し牛《うし》の背《せな》を下《お》りもせず挨拶《あいさつ》なすとは言語同斷《ごんごどうだん》』

常漢曰《ぜうかんいは》く、

『それじや、両班《やんばん》が歩《ある》いて居《ゐ》たら、常漢《ぜうかん》は地《ち》の中《なか》でももぐりこんで挨拶《あいさつ》しますか』

註　以前《いぜん》の朝鮮《てうせん》の両班、常民《ぜうみん》の關係《かんけい》は昔《むかし》の内地《ないち》の侍《さむらひ》と町人《てうにん》百姓の關係《くわんけい》にも似《に》て居《を》る、常民《ぜうみん》は両班の前《まへ》には實際頭《じつさいあたま》があがらなかつた、両班の前《まへ》では煙草も吸《す》はず、眼鏡《めがね》もかけられず、轎にも乘《の》れなかつた、科擧《くわきよ》に應《おう》じて高《たか》い官《くわん》に上《あが》ることは無論《むろん》両班にのみに與《あた》へられた特權《とくけん》であつた、

一五、儲《もうけ》は先《さき》に食《く》つてしまう甜瓜《まくわうり》賣

昔《むかし》、一人《ひとり》の甜瓜《まくわうり》賣があつた、仕入《しい》れた甜瓜《まくわ》を賣《う》る前《まへ》に豫《あらかじ》め勘定《かんぢやう》して見《み》ると、五箇《こ》分《ぶん》の利益《りえき》のある事《こと》がわかつた、そこで其《そ》の五箇《こ》を先《さき》に食《く》つてしまい、殘《のこ》りを지게《チゲ》（品物《しなもの》を之《これ》にのせ背中《せなか》に負《お》つて朝鮮《てうせん》の勞働者達《ろうどうしやたち》が運搬《うんぱん》する）に載《の》せて、翌日町《よくてうまち》に持《も》つて行《ゆ》く事《こと》にした、所《ところ》が其《そ》の晩泥棒《ばんどろぼう》がは入《い》つて大事《だいじ》の甜瓜《まくわ》を一《ひと》つ殘《のこ》らず盗《ぬす》んで行《い》つてしまつ

た、商人《せうにん》が翌《か》けの朝之《あさこれ》を知《し》り笑《わら》つて曰《いは》く、

「愚《はか》な泥棒《どろぼう》も居《を》つたものだ、盗《ぬす》んだところで骨《ほね》の折《を》り損《ぞん》じゃないか、利益《りえき》はもう皆《みな》俺《おれ》の口《くち》に入《はい》つてしまつたんだもの」

一六、腹《ふく》舟《しう》同《どう》藥《やく》

昔《むかし》、醫《い》者《しや》と、僧侶《そうりよ》と、巫女《みこ》とが同《おな》じ舟《ふね》に乗《の》り合《あ》わした時《とき》、海上《かいぜう》で大風《おほかぜ》が吹《ふ》き出《だ》し、舟《ふね》は木《こ》の葉《は》の如《ごと》く波《なみ》にもまれ、幾度《いくたび》となく覆《くつがへ》ろうとした、人々《ひとびと》は皆色《みないろ》を失《うしな》つて、生《い》きた心地《こゝち》もなかつた、此《こ》の時《とき》、僧《そう》は切《しき》りに阿彌陀佛《あみだぶつ》を唱《とな》ね、巫女《みこ》は一心《いつしん》に我《が》王万壽《わうはんじゆ》を稱《とな》えたけれど、一向《いつかう》に効驗《きゝめ》がない、然《しか》るに醫者《いしや》が起《た》つて、「理中湯理中湯《りちうとうりちうとう》」を連呼《れんこ》するとコハ不思議《ふしぎ》、忽《たちま》ち風《かぜ》がやんで波《なみ》が靜《しづま》つた、人々《ひとびと》が其《そ》の譯《わけ》を尋《たづ》ねると醫者《いしや》が曰《いは》く、

そもそも理中湯《りちうたう》は腹痛《ふくつう》に用《もち》ゆる我等《われら》救急《きうきう》の藥《くすり》である、然《しか》るに、船《ふね》と腹《はら》は其《そ》の音《おん》が同《おな》じであるから醫道《いどう》の救急法《きうきうはう》を以《もつ》て之《これ》に試《こゝろ》みたのである。

註　朝鮮語では腹も배、舟も배、共に同音であるからこうした笑話が出來たのである、尚梨の事も朝鮮語では〇と云ふ。

一七、裵《はい》甘《かん》同《どう》種《しゅ》

慶尚道《けいしやうどう》の分限者《ぶんげんしや》、裵氏《はいし》の處《ところ》へ、甘書房《かんそばん》が訪《たづ》ねて行《い》つた。

「同族《どうぞく》のよしみを以《もつ》てお訪《たづ》ね致《いた》しました」

と云《い》うと、『ようこそ』と、裵氏《はいし》は山海《さんかい》の珍味《ちんみ》を出《だ》してもてなした後《のち》、

『自分《じぶん》も是非《ぜひ》一度《いちど》同姓《どうせい》の貴君《きくん》をお訪《たづ》ねし度《た》いと思《おも》うから、おところを知《し》らして戴《いただ》き度《た》い』と云《い》うと、

甘書房《かんそばん》が一枚《いちまい》の名刺《めいし》を渡《わた》した、見《み》ると、甘書房《かんそばん》としてあるから、裵氏《はいし》大《おほ》いに驚《おどろ》き、

『貴君《きくん》は甘家《かんか》じやないか』

と云《い》へば甘書房《かんそばん》が笑《わら》つて、

「배《べ》も감《カム》も同種《どうしゆ》じやありませんか」

註　배は裵の音で、同時に梨の意味である、감は甘の音で、時に柿の意味である。そこでかゝる笑話が出來たのである。裵、甘、は共に朝鮮人の姓である。

一八、冬《ふゆ》の毒蛇《どくじや》

昔《むかし》、或《あ》る兩班《やんばん》の家《いへ》に使《つか》はれる下男《げなん》の息子《むすこ》に、天性至《うまれつきいた》つて聰《かしこ》い少年《せうねん》があつた。或《あ》る日《ひ》の事《こと》、主人《しゆじん》が下男《げなん》を呼《よ》んで云《い》ふのには、

主「此《こ》の頃《ころ》どうも體《からだ》の具合《ぐあひ》が惡《わる》くて、覆盆子《いちご》が食《た》べ度《た》くて仕方《しかた》がない、お前《まへ》御苦勞《ごくらう》だが、之《これ》から山《やま》に行《い》つて、とつて來《き》ては呉《く》れまいか」

僕「旦那樣《だんなさま》、そんな無理《むり》を仰《おつ》しやるものではありません、此《こ》の寒《さむ》い冬《ふゆ》の日《ひ》に覆盆子《いちご》が何處《どこ》にありましよう」

主「何《なに》？　無《な》い？　無《な》いとは何《なん》だ、親《おや》の爲《た》めには雪《ゆき》の中《なか》から筍《たけのこ》を掘《ほ》りだした古人《こじん》のためしを知《し》らぬか、主人《しゆじん》も親《おや》も變《かは》りはない、主《しゆ》に盡《つく》す誠《まこと》を以《もつ》て探《さが》したら無《な》いことは無《な》い筈《はず》だ」

と恐《おそ》ろしい權幕《けんまく》でどなりつけられたので二《ど》の句《く》がつげず、スゴスゴと歸《かへ》つて來《く》ると、少年《せうねん》は勝《すぐ》れぬ父《ちゝ》の顏色《かほいろ》を見《み》て其《そ》のわけを尋《たづ》ねる。實《じつ》は斯《か》樣《やう》斯《か》樣《やう》と主命《しゆめい》を語《かた》ると、かの少年《せうねん》、

少「お父《とう》さん、心配御無用《しんぱいごむよう》ですよ」

と慰《なぐさ》め、翌朝《よくてうちやう》父に代《かは》つて主人《しゆじん》の前《まへ》に出《で》た。

主「小僧《こぞう》、昨日《きのふ》貴樣《きさま》の父《ちゝ》に云《い》いつけて置《お》いた覆盆子《いちご》を未《ま》だ持《も》つて來《こ》ないが、どうしたんだ」

少「其儀《そのぎ》で御座《ござ》います。實《じつ》は父奴《おやぢめ》が、昨日《きのふ》、覆盆子《いちご》とりに出《で》かけまして御座《ござ》いますが運惡《うんわる》く山《やま》の中《なか》で毒蛇《どくじや》に足《あし》を咬《か》まれまして、只今家《たゞいまうち》で苦《くる》しんで居《を》りまする樣《やう》なわけで」

主「だまれ小僧《こぞう》、此《こ》の寒空《さむぞら》に毒蛇《どくじや》が出《で》るか」

少「では旦那《だんな》樣《さま》此《こ》の寒空《さむぞら》に覆盆子《いちご》がありますか」

一九、両班《ヤンパン》は人間《にんげん》じやありません

よく戯談《ざうだん》を云《い》う下男《げなん》があつた。主人《しゆじん》も其《そ》の忠直《ちうちよく》を愛《あい》して別《べつ》に深《ふか》くはとがめなかつたが、或《あ》る日《ひ》の事《こと》、

下男「旦那《だんな》、両班《ヤンパン》は人間《にんげん》じやありませんせ」

主人「どうしてだい」

下男「でも子供《こども》の時《とき》は阿只《アギ》、少《すこ》し大《おほ》きくなると道令任《トリヨングニム》、冠禮《くわんれい》がすむと書房任《ソバングニム》、官《くわん》につけば進士《ナンサ》、やれ令監《ヨングガム》、大監《テガム》……何《なん》のかんのと迚《とて》も人間《にんげん》など、呼《よ》ぶ暇《ひま》がないじやありませんか」

註 阿只（아기）は下男などが主人の息子の五六歳以下の子供に向つて使う敬語・坊ちやん位の處だろう、
道令任（도령님）は六七歳以上冠禮するまでの少年に對する敬稱、
書房任は冠禮をすました男子に對する敬稱、
冠禮は結婚が成立すると髷を結つて鬉でつくつた冠をかぶせること、
令監は奏任官以上勅任官及正三品より從二品迄に用いる敬稱、
大監（대감）は親任官及正二品以上に對する敬稱、御國王を上監상감と云ふ。

二〇　今年《ことし》は豊年《ほうねん》

ある男《をとこ》が友《とも》の家《いへ》に招《まね》かれた、友《とも》は酒《さけ》や菓物《くだもの》を出《だ》してもてなしたがその酒《さけ》の味《あじ》は水《みず》の如《ごと》く淡《あわ》く、その柿《かき》は栗《くり》よりも小《ちい》さかつた、男《をとこ》が笑《わら》つて曰《いは》く、

「水《みず》に酒《さけ》の味《あじ》があり、栗《くり》が柿程大《かきほどおほ》きいからには、今年《ことし》は豊年《ほうねん》と謂《いつ》べしだ」

二一、脚絆《きやはん》が三《みつ》つ

旅《たび》に出《で》かけの祖父《そふ》、脚絆《きやはん》を片方《かたはう》だけ足《あし》につけ、他《た》の片方《かたはう》は手《て》に持《も》ちながら、しきりにキヨロキヨロ探《さが》して居《ゐ》るのを見《み》て、側《そば》に居《ゐ》た孫《まご》が、

孫「お祖父《ぢい》さん何《なに》を探《さが》して居《ゐ》らつしやるの」

祖「脚絆《きやはん》が片方何處《かたはうどこ》かへ行《い》つた」

孫「片方《かたはう》は足《あし》につけて居《ゐ》らつしやるじやありませんか」

男「いやつけてる方じやない」

男「片一方《かたいつぽう》は手《て》に持《も》つて居《ゐ》らつしやいます」

男「いや持《も》つてる方《ほう》じやない」

妻「ではお祖父《ちい》さん脚絆《きやはん》が三《みつ》つあるの」

二二、婚夜《こんや》のお屁《をち》

昔《おかし》、花嫁《はなよめ》が結婚《けつこん》した夜《よる》、大《おほ》きなお屁《なら》を落《おと》したので、花婿《はなむこ》が愛想《あいそ》を盡《つ》かし、其《そ》のまゝ家出《いへで》をしてしまつた。幸《かう》か不幸《ふかう》か、一夜《いちや》の情《なさけ》の胤《たね》を宿《やど》した花嫁《はなよめ》は、月満《つきみ》ちて生《うま》れた子供《こども》を無心出《ムシムチユル》と名《な》づけ、可愛《かあい》がつて育《そだ》てる中《うち》、書堂《しよどう》えも通《かよ》う様《やう》になつたが、どうも書堂《しよどう》の子供《こども》たちが、

「お父《とう》さんが初《はじ》めの晩《ばん》に愛想《あいそ》を盡《つ》かしたんだ」

と寄《よ》つて集《たか》つてひやかすので、子供心《こどもごころ》にも不思議《ふしぎ》に思《おも》ひ、家《うち》に歸《かへ》つて母親《はしおや》におけをた

づねると、母親は、

「實《じつ》は此《こ》のお母《かあ》さんが、此《こ》の家《いへ》に嫁《とつ》いた夜《よ》、あやまつて大《おほ》きなお屁《なら》を一《ひと》つ落《おと》したので、お前《まへ》のお父《とう》さんが愛想《あいそ》を盡《つ》かし、其《その》まゝ家出《いへで》なすつた限《き》りお歸《かへ》りがない、話《はなし》に聞《き》けば、今《いま》では外《ほか》に立派《りつぱ》な奥樣《おくさま》が出來《でき》て、高《たか》い役目《やくめ》について居《ゐ》らつしやるとの事《こと》だが、文通《ぶんつう》さえも出來《でき》ぬ私《わたし》たちの身《み》の上《うへ》だ」

と涙《なみだ》ながらに語《かた》るを聞《き》いた無心出《ムシムチユル》は、何《なに》を思《おも》つたか何處《どこ》からか、瓜《うり》の種《たね》を一升程《いつしやうばかり》買つて來《き》て、之《これ》を持《も》つて其《そ》の家《いへ》に訪《たづ》ね門《もん》をは入《はい》るや、

「朝種《あさたね》を播《ま》けば晩《ばん》にはもうちぎつて食《く》われる瓜《うり》の種《たね》はいりませんか」

と云《い》つた、主人《しゆじん》が不思議《ふしぎ》に思《おも》ひ、

主人「ほんとに朝播《あさま》けば晩《ばん》には食《く》はれるのか」

「ヘイ、そりやあ眞實《まつたく》です、平常屁《へいぜいへ》を放《ひ》らぬ人《ひと》が播《ま》きさえすればね」

主人「何《なに》、屁《へ》を放《ひ》らぬ人《ひと》だ、屁《へ》を放《ひ》らぬ人《ひと》が此《こ》の世《よ》に居《ゐ》るかい」

「でも私《わたし》のお父《とう》さんは、お母《かあ》さんが嫁入《よめい》つた晩《ばん》に屁《へ》を放《ひ》つたので、愛想《あいそ》を盡《つ》かして出《で》て行《い》つたきりまだ歸《かへ》つて來《き》ません」

主人《しゆじん》が初《はじ》めて事情《じじやう》を覺《さと》り、此《こ》の子《こ》の素性《すじやう》を聞《き》くと、果《はた》して我子《わがこ》に違《ちがひ》ないので、早速《さつそくはゝ》母親《おや》と共《とも》に引《ひ》きとつたとの事《こと》である。

二三、下役人《したやくにん》のくたびれもうけ

やつとの事《こと》で下役人《したやくにん》が盗棒《ごろぼう》を捕《とら》ねて役所《やくしよ》にひつ張《は》つて來《き》た、郡守《ぐんしゆ》は暫時《しばらく》、くだんの盗棒《ごろぼう》を睨《にら》んで居《ゐ》たが、

「貴樣《きさま》のような奴《やつ》は人間《にんげん》じやないぞ」

とゞなつた後《のち》、下役人《したやくにん》に繩《なわ》を解《と》かして、之《これ》を赦《ゆる》した、下役人《したやくにん》がこぼすと、

「いや三門《さんもん》を出《いづ》れば、彼奴《きやつ》、必《かなら》ず自殺《じさつ》するに決《きま》つて居《ゐ》る、其《そ》の方《ほうい》行つて見《み》て參《まゐ》れ」

下役人《したやくにん》が行《い》つて見《み》ると、あと白波《しらなみ》と逃《に》げ失《う》せて、影《かげ》も形《かたち》も見《み》ねない、依《よ》つて此《こ》の旨《むね》を

報告《はうこく》すれば郡守《ぐんしゆ》、「人《ひと》にして人《ひと》に非《あら》ずと云《い》われ、然《し》かも尚《なほ》自殺《じさつ》しない樣《やう》な奴《やつ》は愈々《いよいよ》以《もつ》て人《ひと》ではない」

二四、鏡《かゞみ》

昔《むかし》、田舍者《ゐなかもの》が京城《けいぜう》へ行《ゆ》く事《こと》になつた、出發《しゆつぱつ》の前後《ぜんご》、妻《つま》が、『御歸《おかへ》りの時《とき》、土産《みやげ》に京城《けいぜう》の櫛《くし》を買《か》つて來《き》て下《くだ》さい、若《も》し御忘《おわす》れになつたら、あの月《つき》と恰度《てうど》同《おな》じ形《かた》のものですから」と折《をり》から舊曆《きうれき》、月《つき》の初《はじ》めの半月《はんげつ》を指《ゆびさ》した、夫《をつと》が京城《けいぜう》に出《で》て用《よう》をすまし、さて歸《かへ》ろうとする時《とき》、妻《つま》の賴《たの》みを思《おも》い出《だ》したが何時《いつ》のまにか、品物《しなもの》の名《な》を忘《わす》れて居《ゐ》る、ヒヨイと空《そら》を仰《あふ》げば、時恰《ときあたか》も舊曆《きうれき》の十五夜《や》でまんまるな滿月《まんげつ》が中天《ちうてん》に懸《かゝ》つて居《ゐ》たから、早《さつ》速安洞《そくあんどう》の商店《せうてん》に行《い》つて、『お月樣《つきさま》の樣《やう》なまんまるいものを」とたづねたら、恰度《てうど》まるい一個《いつこ》の鏡《かゞみ》があつたので之《これ》を買《か》いとり故鄉《こけう》に歸《かへ》つて妻《つま》に與《あた》えた、妻《つま》が手《て》に取《と》つて見《み》ると自分《じぶん》の望《のぞ》んだ櫛《くし》ではなく、裏《うら》の方《はう》に一人《ひとり》の女《をんな》が居《ゐ》るから、忽《たちま》ち雲行《くもゆき》が變《かわ》り、『さては

都に滯在中《たいざいちうめかけ》妾が出來《でき》て、それをこのまるいもの〻中《なか》に封《ふう》じて來《き》たに相違《さうい》ない」とすぐ
此《こ》の此《こゝ》を姑《しうとめ》に告《つ》げた、姑《しうとめ》が取《と》つて見《み》ると一人《ひとり》の老婆《ろうば》が居《ゐ》るから、

「おや사돈《サドン》(緣家《えんか》)の奥《おく》さんが御出《おいで》になつたな」

舅《しうと》がとつて見《み》ると今度《こんど》は六七十の老翁《おやぢ》なので、

「おや何處《どこ》の令監《ヨンガム》か知《し》らん」

家族《かぞく》四人《にん》しきりに騷《さわ》いで居《ゐ》る所《ところ》へ廻《まわ》つて來《き》たのは郡守《ぐんしゆ》であつたが、すぐ此《こ》の品《しな》を沒收《ぼつしう》し役所《やくしよ》に歸《かへ》つて見《み》ると、衣冠束帶《いかんそくたい》いかめしい役人《やくにん》が居《ゐ》るから、大《おほ》いに驚《おどろ》き、

「俺一人《おれひとり》ですら碌々《ろくしく》食《く》ひもしない此《こ》の貧乏郡《びんぼうぐん》に、二人《ふたり》も郡守《ぐんしゆ》を置《お》かれてたまるものかい」

と下役人《したやくにん》を呼《よ》んで、

「此《こ》の不都合《ふつこう》な僞《にせ》の郡守《ぐんしゆ》をすぐ追《お》つぱらつてしまえ」

と命《めい》じた。

二五、問答《もんどう》一般《いつぱん》

平壤《へいぜう》の監使《かんし》が吏房《りばう》の智惠《ちゑ》を試《ため》そうと思《おも》い、大洞江《だいどうこう》に浮《うか》ぶ鴨《かも》を指《ゆび》さし、

監使「あの鴨《かも》（오리《オリ》）は十里《じふり》飛《と》んでも五里《ごり》（오리《オリ》）百里《ひやくり》飛《と》んでも五里《ごり》（오리《オリ》）と云《い》うが何《ど》ういふ譯《わけ》だ」

吏房「鶺鴒『할미새《ハルミセ》（老姑鳥）』は、今日《けふ》生《うま》れても할미새《ハルミセ》（老姑鳥）明日《あす》生《うま》れても할미새《ハルミセ》（老姑鳥）と云《い》う樣《やう》なものです」

監使《かんし》大《おほ》きに感《かん》じ、

監使「つゞみ『새장구《セチヤング》（新長鼓）』は新《あた》らしくても새장구《セチヤング》（新長鼓）古《ふる》くなつても새장구《セチヤング》（新長鼓）と云《い》うのは、どうした譯《わけ》だい」

吏房「大鼓《たいこ》『북《ブク》（北）』が北《きた》にあつても북《ブク》（北）南《みなみ》にあつても북《ブク》（北）と云《い》つた樣《やう》なものでしよう」

監使「鎗《ヤリ》（창《チヤング》）で窓《まど》（창《チヤング》）を突《つ》いたら、其《そ》の穴《あな》は鎗穴《やりあな》（창구녕《チヤングクニヨング》）と云《い》つたものか、窓穴《まどあな》（창구녕《チヤングクニヨング》）と云《い》つたものか」

吏房「雪（눈《ヌン》）の降る日《ひ》に涙《なみだ》（눈물《ヌンムル》）が出《で》たら雪水《ゆきみず》（눈물《ヌンムル》）と申《まを》しましようか涙《なみだ》（눈물《ヌンムル》）と申《まを》しましようか」

註 오리〔鷗 五里〕 할미새〔鶺鴒—若姑鳥 할미（老姑）〕 새장구〔つゞみ—新長鼓 새は新らしいと云う意味がある〕

북〔太鼓 北〕 창〔鎗 窓〕 눈〔雪 目〕

以上の語音の共通が此の小話の要素をなして居る、吏房は地方官の名で郡守の下にある六房の一つ、

二六、 話《はなし》に聞《き》いたのとは大分違《だいぶんちが》う京城《けいぜう》

京城《けいぜう》と云《い》ふところは、何《なに》に依《よ》らず二倍《にばい》づゝの掛値《かけね》があると聞《き》いて居《ゐ》た田舎者《ゐなかもの》、初《はじ》めて上京《ぜうけう》して寺洞《じどう》（今《いま》の仁寺洞《じんじどう》）に宿《やど》を取《と》つたが、宿屋《やどや》の主人《しゆじん》に、

「お名前《なまへ》は何《なん》とおつしやるか」

と聞《き》くと、主人《しゆじん》が、

主人「韓書房《かんしよばん》（한서방《ハンソバング》）と申《まを》します」

田舎者「ハハア、わかりました、半書房《はんしよばん》（반서방《パンソバング》）ですね、それからこゝは何洞《なにこう》と申《まを》しますか」

主人「寺洞《じどう》（사동《サドング》）で御座《ござ》います」

田舎者「成《な》る程《ほど》、二洞《じどう》（이동《イドング》）ですな」

主人《しゆじん》が妙《めう》に思《おも》つて、

主人「お客様《きやくさま》のおところと、お名前《なまへ》は」

と聞《き》くと、

田舎者「私《わたし》は四川《しせん》（사천《サチヨン》）に住《す》む十二書房《しよばん》（십이서방《シビソバング》）さ」

主人「へー、十二書房《しよばん》！　十二なんて姓《せい》もありますかね、そして四川《しせん》と申《まを》しますと慶《けい》尚道《せうごう》の四川《しせん》の事《こと》ですか」

田舎者「いや、ちがうよ、私《わたし》の姓《せい》はね、掛値《かけね》なしに云《い》わば陸書房《りくしよはん》(륙서방《ユクソパン》)で家《うち》は利川《りせん》(리천《イチヨン》)さ」

主人《しゆじん》が苦笑《くせう》し、「戯談《ざうたん》おつしやつちやあ困《こま》ります、では御飯代《ごはんだい》を戴《いたゞ》きましよう」

田舎者「幾《いく》らかね」

主人「一膳《いちぜん》十五戔《せん》で御座《ござ》います」

田舎者「じやあ七錢《せん》だな」

主人《しゆじん》がとうとう腹《はら》を立《た》て、田舎者《ゐなかもの》の頬《は》つぺたを三《みつ》つ四《よつ》つ續《つゞ》け樣《さま》になぐつたので縮《ちゞ》み上《あが》つた田舎者《ゐなかもの》、

田舎者「話《はなし》に聞《き》いたのとは大分違《だいぶんちが》う」

註　韓と陸も共に朝鮮人の姓である、韓書房(한서방)の한は(一つ)の意味になり、寺洞(사동)の사、利川(이천)の이、陸書房(륙서방)の륙は何れも其の音が數字の四、二、六と同じ所からこの笑話が出來たのである。

二七、還暦《かんれき》の賀壽《がじゆ》

昔《むかし》、或《あ》る宰相《さいしやう》が三人《さんにん》の息子《むすこ》にそれぞれ嫁《よめ》をとつたが、六十一の還暦《かんれき》の賀禮《がれい》を行《おこの》う前《まへ》の朝《あさ》、三人《さんにん》の嫁《よめ》が打《う》ち連《つ》れて、例《れい》の如《ごと》く朝《あさ》の挨拶《あいさつ》に來《き》た時《とき》、

「明日《あす》は愈々《いよいよ》わしの還暦祝《かんれきいわひ》じや、就《つい》てはお前《まへ》たちに賴《たの》んで置《お》くが今年《ことし》の賀壽《がじゆ》の禮《れい》はひとつ文字《もじ》の形容《けいよう》でやつてもらい度《た》い」

と云《い》うと、三人《さんにん》の嫁達《よめたち》は何《いづ》れもかしこまつて引《ひ》き下《さが》る、愈々《いよいよ》次《つぎ》の日《ひ》になると、先《ま》づ長《ちやう》男《なん》の嫁《よめ》、赤《あか》ん坊《ばう》を抱《だ》いて舅《しうと》の前《まへ》に現《あら》はれ、

「お目出度《めでた》う御座《ござ》います、子《こ》を抱《だ》いた女《をんな》、조흔호字（よいと云《い》う好《かう》の字《じ》）を以《もつ》て御《お》祝《いわひ》を申《まを》し上《あ》げます」

次男《じなん》の妻《つま》は冠《かんむり》をかぶつて現《あら》われ、

「お目出度《めでた》う御座《ござ》います、冠《かんむり》を冠《かむ》つた女《をんな》、即《すなは》ち평안ᄒᆞᆯ안字（平安《へいあん》と云《い》う安《あん》の字《じ》）

を以《もつ》て御祝《おいはひ》を申《まを》し上《あ》げます」

最後《さいご》に出《で》て來《き》た三男《さんなん》の嫁《よめ》は、自分《じぶん》の考《かんが》ねて居《ゐ》た字《じ》を皆二人《みなふたり》の姉《あね》にとられてしまつたので、暫《しばら》く思案《しあん》して居《ゐ》たが、突然《とつぜん》、兩《りやう》の手《て》を左右《さいう》に伸《の》ばし、足《あし》を擴《ひろ》げて、

「天下太平《てんかたいへい》と書《か》く時《とき》の콩태字（豆と云《い》う太の字）でお祝《いはひ》を申《まを》します」

宰相《さいせう》が笑《わら》つて、

「太の字《じ》にしては下《した》の点《てん》がない樣《やう》だ、큰대字（大《おほ》きいと云《い》う大《だい》の字《じ》）になつたな」

二八、従兄《じうけい》の登科《とうか》（文官試驗即科擧に及第する事）を猜《そね》む従弟《じうてい》

従兄《じうけい》の登科《とうか》を猜《そね》む従弟《じうてい》が従兄《じうけい》の家《いへ》を訪《たづ》ねると、下男《げなん》が迎《むか》えて、

下男「もし、うちの旦那《だんな》の科擧《かきよ》はどんな具合《ぐあひ》で御座《ござ》りました」

従弟「主人《しゆじん》が科擧《かきよ》に及第《きうだい》すれば、下男《げなん》は臀《しり》を叩《たた》かれるぞ」

合格には入ると臀が、

甥「叔父《をぢ》さん、お父様《とうさん》の科擧はどうでした」

從弟「親父《おやぢ》が科擧《かきよ》に合格《ごうかく》すると、子供《こども》がなまけ者《もの》になる」

内間《ないかん》に入《はい》れば嫂《あによめ》が、

嫂「もし、夫《をつと》の科擧《かきよ》はどんな塩梅《あんばい》でしたろう」

從弟「夫《をつと》が科擧《かきよ》に通《とほ》れば、妾《めかけ》を置《お》く様《やう》になるが、姉《ねえ》さんかまいませんか」

註　舍廊（사랑）は客間のこと　内間（내간）は女に屬する室　内房（내방）は主婦の居る部屋

二九、一門《いちもん》の總會《そうくわい》

皮書房《ひしよばん》が皮類《かわるい》の商《あきない》をして居《ゐ》た、或《あ》る日《ひ》のこと、商品《しようひん》の皮《かわ》を澤山《たくさん》ひろげて乾《かわか》して居《ゐ》ると、そこへ一人《ひとり》の友達《ともだち》が訪《たづ》ねて來《き》たが、一言《いちごん》の挨拶《あいさつ》もせず行《ゆ》こうとするから、

皮「おい君《きみ》、どうして默《だま》つて行《ゆ》くんだい」

友「今日《けふ》は君《きみ》の御《ご》一門《いちもん》の總會《そうくわい》の様《やう》だから、他人《たにん》の僕等《ぼくら》の立《た》ち寄《よ》る所《ところ》じやあるまいと思《おも》

つて遠慮《えんりよ》するのさ」

皮「どうして僕《ぼく》の一門《いちもん》の總會《そうくわい》だい」

友「君《きみ》の一門《いちもん》の總會《そうくわい》でなければそう皮《かわ》が澤山並《たくさんなら》べてあるわけがないじやないか」

註 皮は朝鮮人に多い姓である。

三〇、 こじつけのうまい果川《かせん》の下男《げなん》

果川《かせん》のとある宿屋《やどや》にコジツケのうまい下男《げなん》があつた。或日《あるひ》一人《ひとり》の旅客《りよきやく》が來《き》たが、部《へ》屋《や》が眞暗《まつくら》なので、

客「이외야《イエヤ》이방이《イパンイ》대단히《ナダニ》어둡구나《オツブクナ》（おい、此《こ》の部屋《へや》は大變暗《たいへんくら》いじやないか）」

と云《い》うと、

下男「이방《イパン》【此《こ》の部屋《へや》（吏房）】이어둡거던《イオツブコゾン》좌수를부리지요《チオアスルブリヂヨ》（吏房《りはう》が暗《くら》ければ座首《さしゆ》をお使《つか》いなさい）」

客「이놈《インム》어룬《オルン》내《ネ》말에《マレ》그제《クゲ》웬말이뇨《ウエンマリニョ》。이놈《インム》자지를《チャヂルル》베힐나《ペイルラ》（こいつ人《ひと》を馬鹿《ばか》にしやがる、ちんぼを切《き》つてじもうぞ）」

下男「자지를《チャヂルル》배히《ペイ》【切《き》る（枕《まくら》にする）】시렴닛가《シリョムニッカ》、목침이《モクチミ》잇는대《イッヌンデ》（ちんぼを枕《まくら》になさるんですか木枕《きまくら》があるのに）」

客《きやく》が笑《わら》い出《だ》し、

客「그놈이《クノミ》그리하야《クリハヤ》도또《トト》그래이《クレイ》놈《ノム》불알을《プラルル》깔가《カルカ》보다《ポダ》（こいつああ云《い》はばこう、こう云《い》えばああと云《い》う、睾丸《きんたま》をとつてやらうかな）」

下男「불알을《プラルル》깔면《カルミョン》【とれば（しけば）】요는《ヨヌン》덥호《トップ》시렴닛가《シリョムニッカ》（睾丸《きんたま》をおしきになるなら敷《しき》蒲團《ふとん》はおかぶりになりますか）」

註　이방〔此の室／吏房　　배히다〔切る／枕にする　　깔다〔さる／しく

右の如く一語二義を有する所からこうした笑話が出來たのである。

座首は吏房より上の役人。

三一、口《くち》の達者《たつしや》なお嫁《よめ》さん

嫁《よめ》が晝寢《ひるね》ばかりして居《ゐ》るから姑《しうとめ》が業《ごう》を煮《に》やし、해는《ヘヌン》짧은대《チャルンデ》바느질《パヌチル》은아니하고《ンアニハゴ》낫잠만자느냐《ナッチャムマンチャヌニャ》（此《こ》の日《ひ》の短《みぢか》い時《とき》に裁縫《さいほう》はせずに晝寢《ひるね》ばかりしてどうするのかい）

としかると、嫁《よめ》、해가《ヘガ》짤오기커녕《チャルキコニョング》둥글기만합되다《ツングルキマンハプナダ》（日《ひ》が短《みぢか》いなんてお母《かあ》さん、日《ひ》はまるいじやありませんか）

と答《こた》ねる、

姑「네말솜시가좃고나《ネマルソムシガチョッコナ》（大變話振《たいへんはなしぶ》りが立派《りつぱ》だね）」

嫁「말이좃다하여도《マイチョタハヨト》이말에는기와집하나업습되다《イマレヌンキワチプハナオプスブナダ》（郡が立派《りつぱ》だなんてお母《かあ》さん、此《こ》の郡には瓦《かはら》ぶきの家一《いへひと》つないじやありませんか）」

姑「행혀《ヘングロ》한말이나《ハンマリナ》질가《チルカ》（まあ一口《ひとくち》だつて負《ま》けては居《ゐ》ない）」

嫁「한말지면《ハンマルチミヨン》 一斗負えば 가비엽고《カビヨプコ》 두말지면《ツーマルチミヨン》 二斗負えば 무겁지요《ムゴプチヨ》（一斗負《とお》えば軽《かる》く二斗負《とお》つたら重《おも》いでしょう……）」

姑《しうとめ》が呆《あき》れてしまい、

姑「너는《ノスン》동지섣달《トンヂソツタル》긴긴밤에《キンキンパメ》 長い長い夜 저런궁리하노라고《チヨロングンリハノラコ》잠을못잤구나《チヤムルモッチヤックナ》（お前《まへ》は十一二月《ぐわつ》の夜《よ》の長《なが》い時《とき》にそんな研究《けんきう》をして眠《ねむ》りそこなつたのだろう）」

嫁「길기는《キルギスン》요새밤이《ヨセバミ》길어요《キロヨ》、오날노《オナルノ》마아비가《マアビガ》장에가서《チヤングヱカソ》밤한말사왔는대《パムハンマルサワツスンデ》길기커녕《キルギコヨン》둥글둥글《トングルトングルトン》하되다《ハブナダ》「此《こ》の頃長《ころなが》い栗《くり》がありますかね、今日《けふ》うちの人《ひと》が市《いち》に行《い》つて栗《くり》を一斗《じつと》買《か》つて来《き》ましたが長《なが》いどころかまるまるして居《ゐ》ますよ）」

注 해は國語の日にあたる語で日が（太陽）の義さ（一日二日）など云う（日）の意味を持つて居る樣に朝鮮語の해も（太陽）の意味と（日）の意味を持つて居る。말さ云う言葉は（語）（村）（斗）などの意味がある（夏に居と云う意味もある）지다は國語の負に相當する語で、負さ同じく（負ける）（負う）の二義を持つて居る。

밤は（夜）及（栗）の二義を持つて居る。
以上の言葉の關係がこの笑話の骨子をなして居る。

三二、一番恐《いちばんこわ》いもの

此《こ》の世《よ》の中《なか》で一番恐《いちばんこわ》いものは虎《とら》だろう。
なあに強盗《ごうとう》さ、
いや、兩班《ヤンバン》だ。
いや兩班《ヤンパン》の強盗《ごうとう》が虎《とら》に乘《の》つて來《く》る奴《やつ》さ。

三三、人《ひと》の草鞋《わらぢ》よりは自分《じぶん》の冠《かんむり》

昔《むかし》、少々《せう〱》抜けた男《をとこ》があつた。
或日《あるひ》友達《ともだち》の家《いへ》で酒《さけ》をよばれて歸《かへ》る途中《とちう》、醉《よひ》が廻《まわ》つて耐《こら》えられず、道《みち》の眞中《まんなか》に横《よこ》になつ

て一眠《ひとねむ》りしたが、眼《め》がさめて見《み》ると、傍《かたは》らに一個《いつこ》の冠《かんむり》が落《お》ちて居《ゐ》るから、自分《じぶん》のものとは氣《き》が附《つ》かず、

「誰《たれ》だろう、こんな所《ところ》に冠《かんむり》など落《おと》した人《ひと》は、だが、いい掘出物《ほりだしもの》だ」

とつぶやきながら拾《ひろ》い上《あ》げ、市場《いちば》に持《も》つて行《い》つて幾《いく》らかに賣《う》り飛《と》ばし、又《また》もや酒屋《さかや》に飛《と》び込《こ》んでしたゝかのんで金《かね》を拂《はら》つて見《み》ると、尙幾《なほいく》らか餘《あま》りがあるので女《をんな》に向《むか》い、

「少々《せう〳〵》だが之《これ》で草鞋《わらぢ》でも買《か》うて與《く》れ」

と渡《わた》そうとすると、女《をんな》、

「旦那《だんな》、人《ひと》の草鞋《わらぢ》の心配《しんぱい》よりは、先《ま》づ御自分《ごじぶん》の冠《かんむり》をお買《か》いになつては如何《いかゞ》です」

三四、　臨機應變《りんきおうへん》は男女《だんぢよ》の常《つね》

夫婦《ふうふ》の者《もの》があつた。

夫《をつと》が妾《めかけ》をこしらへてからは妻《つま》の機嫌《きげん》が頗《すこぶ》る惡《わる》く、家内《かない》の風波《ふうは》が絶《た》ゆるひまのないの

を悲觀《ひくわん》した夫《をつと》は、つまり俺《おれ》が死《し》んだらこんな爭《あらそひ》もあるまいと、其《そ》の後《のち》は部屋《へや》の戸《こ》をピッタリ閉《し》めた切《き》り數日《すうじつ》外《そと》え出《で》ようともしない。

妻君《さいくん》が心配《しんぱい》し、遂《つい》に謝《あやま》つて、

「これからは、決《けつ》して嫉妬《やきもち》など燒《や》きませんから、どうぞ門《もん》を開《あ》けて御飯《ごはん》を食《た》べて下《くだ》さい」

と云《い》つた、

そこで、堅《かた》くやきもちをやかぬ誓《ちかい》を立《た》てさせた上《うへ》、起《お》き上《あが》つたが、果《はた》して其《そ》の後《のち》は猫《ねこ》の樣《やう》におとなしくなつた。

こゝに又男《またをとこ》の友人《ゆうじん》があつた。同《おな》じく妾《めかけ》をこしらえた爲《た》め、猛烈《もうれつ》な妻君《さいくん》のやきもちに會《あ》い、辟易《へきえき》して居《ゐ》る所《ところ》だつたので、今《いま》の話《はなし》を聞《き》いて大《おほ》いに喜《よろこ》び、

「では俺《おれ》も其《そ》の手《て》でやろう」

と家《うち》に歸《かへ》つて部屋《へや》の戸《と》を閉《し》めた切《き》り食《しよく》を絶《た》つた。

所《ところ》が四五日《にち》たつと腹《はら》がすいて今《いま》にも死《し》にそうな具合《ぐあい》になつて來《き》た。

此《こ》の時《とき》妻君《さいくん》、隣室《りんしつ》で御馳走《ごちそう》をウンとこしらへ、更《さら》に곰국（骨汁）を煮《に》たり、갈비（わき骨）を燒《や》いたりしたので其《そ》のかんばしい香《かほり》が數日絶食《すうじつぜつしよく》した鼻《はな》の穴《あな》には入《い》つては迚《とて》も辛抱《しんぼう》が出來《でき》ず、とうとう戸《と》を開《あ》けて出《で》て來《き》た、

「もう之《これ》からは妾《めかけ》なんかは置《お》かぬから、どうか其《そ》の肉《にく》をおれにも少《すこ》し食《く》わして呉《く》れ
…………」

とたらふく食《た》べた。

翌《あ》けの日《ひ》、友達《ともだち》の所《ところ》に行《い》つて有《あ》りし次第《しだい》を物語《ものがた》ると、

「五日《か》も六日《か》も食《く》わず飮《の》まずで生《い》きて居《ゐ》られるかい、僕《ぼく》は其《そ》の間《あひだ》、乾栗《ほしぐり》を用意《ようい》してそつとかぢつて居《ゐ》たのさ」

男「それなら、それとなぜ初《はじ》めに云《い》つて聞《き》かせぬのだ」

隨時《ずいじ》變動《へんどう》、臨機《りんき》應變《おうへん》は男女《だんぢよ》の常《つね》である。

三五、　兎《うさぎ》と蛙《かえる》の兩班《ヤンダバン》爭《あらそい》

兎《うさぎ》と蛙《かねる》がよるとさわると兩班《ヤンバン》爭《あらそい》（양방닷톰《ヤンバンタツトム》）をやる。

兎「おい蛙《かえる》、いくら口《くち》で爭《あらそ》つたつて仕方《しかた》がない、丈較《たけくら》べをして高《たか》い方《ほう》を兩班《ヤンバン》と決《き》めようじやないか」

蛙「よかろう、貴樣《きさま》一体《いつたい》どれだけある」

兎「背延《せのび》をすれば空《そら》をつきぬける」

蛙「じやあ空《そら》の上《うへ》に豆腐《とうふ》を絞《しぼ》る、袋《ふくろ》が二《ふた》つあるが見《み》たか」

兎《うさぎ》が見《み》なかつたと云《い》わば自分《じぶん》の言葉《ことば》が嘘《うそ》になるので、

兎「そうそう高《たか》いところに袋《ふくろ》が二《ふた》つあつたつけ」

蛙「そうだろう、あれが俺《おれ》の睪丸《きんたま》さ」

三六、南京虫《なんきんむし》の裁判《さいばん》

昔《むかし》、蚤《のみ》と虱《しらみ》と蚊《か》とが集《あつま》つて、

「兩班《ヤンパン》は俺《おれ》だ」

「いや我輩《わがはい》だ」

「何《なに》、僕《ぼく》だ」

と兩班争《ヤンパンあらそい》をした事《こと》があつたが、一向《いつかう》きりがつかないので、南京虫《なんきんむし》のところに行《い》つて裁判《さいばん》を頼《たの》んだ。

南京虫《なんきんむし》が云《い》うのには、

『一體《いつたい》、兩班《ヤンパン》と云《い》うものは、文章《ぶんせう》が出來《でき》なくちやいけないものだ、で私《わし》がここに題字《じ》を出《だ》すから、それを以《もつ》て君等《きみら》は各々《おのおの》文章《ぶんせう》をつくつて御覧《ごらん》」

と出《だ》したのは、『間』の字《じ》と、『人』の字《じ》であつた。

すると蚤《のみ》は早速《さつそく》、

勇躍天地間　但見一指人（天地《てんち》の間《あひだ》を勇躍《ゆうやく》すれば但一指《たゞいつし》の人《ひと》を見《み》る）

とやつた。次《つぎ》に虱《しらみ》は、

回向腰帯間　難見直口人（腰帯《ようたい》の間《あひだ》を回向《かいこう》すれば、直口《ちよくこう》の人《ひと》を見《み》難《がた》し）

最後《さいご》に蚊《か》は、

飛入珠簾間　頻見打頬人（飛《と》んで珠簾《しゆれん》の間《あひだ》に入《い》れば頻《しきり》に頬《ほゝ》を打《う》つ人《ひと》を見《み》る）

とやつた。

南京虫《なんきんむし》の判決《はんけつ》に曰《いは》く、

「皆《みな》こりや両班《ヤンバン》だ」

三七、　痰《たん》を捨《す》てゝ長《てう》を取《と》る

慧脚《いまり》が通《とほ》るのを見《み》て、

「おいあの人《ひと》の足《あし》は片一方《かたいつぽう》が短《みぢか》いよ」

と云《い》うと、相手《あひて》の男《をとこ》がきゝとがめて、

「人《ひと》の短所《たんしよ》を云《い》うもんじやない」

「おやあ、どう云《い》えばいゝんだい」

「片一方《かたいつぽう》が長《なが》いと云《い》え」

三八、臨《りん》終《じう》の命《めい》

父《ちゝ》の命《めい》に逆《さから》つてばかり居《ゐ》る子《こ》が居《ゐ》た。

父《ちゝ》の臨終《りんじう》の時《とき》、死骸《しがい》を高峯《こうほう》の上《うへ》に葬《ほうむ》る様《やう》に遺言《ゆいごん》した。

死後《しご》、命《めい》のままに取《と》り計《はか》らつたので、村人《むらびと》が何故《なぜ》平地《ひらち》に葬《ほうむ》らなかつたのだと聞《き》くと、

「臨終《りんじう》の命《めい》だけは聞《き》かねばならぬ」

三九、無《ぶ》事《じ》解《かい》決《けつ》

兄《あに》の嫁《よめ》と弟《おとゝ》の嫁《よめ》とが虱《しらみ》に就《つい》て口論《こうろん》を初《はじ》めた。

兄の嫁「虱《しらみ》は綿《わた》の屑《くづ》から出來《でき》たものよ」

弟の嫁「いゝえ虱《しらみ》は絲《いと》の屑《くづ》から出來《でき》たものよ」

きりがないので學者《がくしや》のところに行《い》つて尋《たづ》ねた。學者《がくしや》の答《こたへ》に、「孟子《まうし》の曰《いは》く、衣虱《いじらみ》には綿屑《わたくづ》の化《か》して生《せう》じたるもあり、糸屑《いとくづ》の化《か》して生《せう》じたるも有《あ》り…………」

四〇、抱《ほう》川《せん》の牛《うし》

抱川《ほうせん》の尹生員《ゐんせんぐをん》さ、揚州《ようしう》の李生員《りせんぐをん》とは親類《しんるい》の間柄《あひだがら》である。

或《あ》る時《とき》、二人《ふたり》が市場《いちば》でヒョックリ出會《であ》つた。

樣子《やうす》を聞《き》くと二人《ふたり》ながら牛《うし》を賣《う》りに來《き》たとの事《こと》、

『だが久《ひさ》し振《ぶ》りで會《あ》つたんだ、一《いつ》ぱいやりながら話《はな》そうじやないか』

と相談一決《さうだんいつけつ》、牛《うし》の事《こと》なんかそつちのけにして、とある酒店《さかや》に行《ゆ》き、さしつおさへつ、したゝか飮《の》んだので、二人《ふたり》ともグタグタに醉《よ》つぱらつてしまつた。

其《そ》の中《うち》に日《ひ》は暮《く》れ、市場《いちば》に來《き》て居《ゐ》た人々《ひとびと》も皆歸《みなかへ》つてしまつたので、仕方《しかた》なく二人《ふたり》は、賣《う》りに來《き》た牛《うし》の背《せな》にまたがり、再會《さいくわい》を約《やく》して自分《じぶん》の家《うち》に歸《かへ》つたが、醉《よ》うていたので、尹生員《ゐんせんぐをん》が李生員《りせんぐをん》の牛《うし》に、李生員《りせんぐせん》が尹生員《ゐんせんぐをん》の牛《うし》にのり違《ちが》えて居《ゐ》る事《こと》に氣《き》がつかなかつた正直《せうちき》な牛達《うしたち》は、主人大事《しゆじんだいじ》と我家《わがや》に歸《かへ》つて來《く》ると、待《ま》ち設《もう》けた妻君《さいくん》たちが、それぞれ出《で》迎《むか》える。

何《いつ》れも正體《せつたい》なく醉《よ》つて居《ゐ》るので燈火《あかり》を點《つ》ける間《ま》もなく、其《そ》のまま溫突《おんさる》にねかし、自分《じぶん》達《たち》も、其《そ》のそばにやすんだが、翌《あ》けの朝目《あさめ》を醒《さ》まして見《み》ると、コワ如何《いか》に、見《み》たこともない人人《ひとびと》、兩方共《れうほうとも》ピッタリ仰天《げうてん》したけれども誰《たれ》とて恨《うら》むわけにも行《ゆ》かず、先《ま》づ一口《ひとくち》に云《い》えば抱川《ほうせん》の牛《うし》の罪《つみ》ででもあろうか。

註　生員（생원）年老いた兩班
溫突（온돌）床下より火を通じて暖める室

四一、座主《ざす》の頓智《とんち》

安東《あんとう》の府使《ふし》が座首《ざしゅ》の智慧《ちゑ》を試《ため》そうと思《おも》い、

府使「あの垣《かき》は돌담《トルタム》【石垣《いしがき》（廻《まわ》る垣《かき》）】だけれども、何故《なぜ》廻《まわ》らずにじつとして居《ゐ》るんだい………」

座主「멘돌담《メントルタム》【すべて石《いし》の垣《かき》（くゝつた石垣《いしがき》）】ですから廻《まわ》る事《こと》が出來《でき》ないんです」

註　府使（부사）座首（좌수）共に官名、
돌は石の意味と廻るの意味とがある。
멘は全部の意味とくくるの意味とがある。

四二、붓《プッ》 천《チヨン》 다《ダ》

或《あ》る男《をとこ》が手紙《てがみ》を書《か》いて下男《げなん》を呼《よ》び、

「이《イ》편《ピヨン》지《ヂ》를《ルル》얻《オル》는《ルン》우《ウ》편《ピヨン》국《ク》에《ゲ》가《カ》서《ソ》붓《ブッ》치《チ》고《ゴ》오《オ》너《ノ》라《ラ》　此《こ》の手紙《てがみ》をすぐ郵便局《ゆうびんきよく》に持《も》つて行《い》つて出《だ》して來《こ》い）」

と云《い》うと、

「풀《プ》이《リ》 잇《イッ》서《ソ》 야《ヤ》붓《ブッ》치《チ》지《チ》요《ヨ》（糊《のり》がなければくつゝきません）」

註　此の小話は붓천다なる語が、投函（手紙など）の意味と、くつゝけるの意味を持つて居るところから出來たのである

四三、先生《せんせい》の皮《かは》は犬《いぬ》の皮《かは》

或《あ》る書堂《しよだう》の先生《せんせい》が、竹《たけ》の棒《ぼう》を持《も》つて居《ゐ》る生徒《せいと》に向《むか》い、

『其《そ》の竹《たけ》の棒《ぼう》を何處《どこ》から持つて來《き》たのか』とお尋《たづ》ねになつたが、返事《へんじ》をしないので、

先生『おれの家《うち》の竹《たけ》を斫《き》つたんだらう』

生徒『どうして其《そ》んな事《こと》がわかります』

先生『そんな上等《ぜうとう》な竹《たけ》は何處《どこ》にもないからさ』

生徒『では先生《せんせい》の家《か》竹《ちく》『가죽《カチユク》（皮《かわ》）』は皆佳《みなか》竹《ちく》『개《ケ》가죽《カチユク》（狗《いぬ》の皮《かわ》の意《い》）』ですか』

註　가죽は家竹と同音で皮の意、
개가죽は皆佳竹と同音で犬の皮の意、
先生の家の竹は皆佳い竹ですか、
先生の皮は犬の皮ですか、
右の意味を持つて居る。
人を畜類にしてしまう事は朝鮮に於て最も多く用いられる惡口である。

四四、雀《すゞめ》の噪《そう》聲《せい》

目《め》を瞠《みは》り舌《した》を出《だ》して男《をとこ》がは入《い》つて來《き》た。

友「どうしたい」

男「今《いま》、道《みち》で十四五丈《ぜう》もあらうと云《い》う大蛇《だいじや》を見《み》た」

友「戯談《ぜうだん》云うな、幾《いく》ら大《おほ》きいたつて十四五丈《ぜう》もある大蛇《だいじや》が居《ゐ》てたまるか」

男「いや十四五丈《ぜう》は嘘《うそ》だが、實際《じつさい》は六七丈《ぜう》さ」

友「六七丈《ぜう》も嘘《うそ》だらう」

男「ぢや、三四丈《ぜう》」

こうして段々《だん〳〵》短《みぢか》くなつて行《い》つて終《つひ》に一丈《いちぜう》もなつた。

友「一丈《いちぜう》も嘘《うそ》だらう」

男「いや實際《じつさい》は大蛇《だいじや》が居《ゐ》たかどうかわからぬけれども、竹籔《やぶ》の中《なか》で雀《すゞめ》が大分《だいぶん》噪《さわ》いで居《ゐ》たから」

註　朝鮮では驚いた時に舌を出す習慣がある。

四五、雉《きじ》の尾《を》

江原道淮陽《こうげんどうわいよう》の住人《じうにん》、柳生員《りうせんゐん》が、二人《ふたり》の息子《むすこ》を連《つ》れて山《やま》に墓参《はさん》に行《ゆ》くと、道《みち》に雉《きじ》の尾《を》が一《ひと》つ落《お》ちて居《ゐ》た。

小《ちい》さい方《はう》の息子《むすこ》がそれを拾《ひろ》つて、

「おや此處《こゝ》に兎《うさぎ》の尻《し》つ尾《ぽ》が落《お》ちて居《ゐ》た」

と云《い》うと、大《おほ》きい方《はう》の息子《むすこ》、

「馬鹿《ばか》な、兎《うさぎ》の尻尾《しつぽ》がそんなに大《おほ》きいものか、それは驢馬《ろば》の尻尾《しつぽ》だ」

柳生員《りうせんをん》が之《これ》を聞《き》き、

「困《こま》つた野郎共《やらうども》だ、俺《おれ》が亡《な》くなつたらどうするつもりだらう、点《てん》がポツポツついてる所《ところ》を見《み》ても虎《とら》の尾《を》と云《い》う事《こと》はわかりそうなものだに」

四六、法螺《ほらふ》吹きの名人許風善《めいじんきよふうぜん》（虚風扇《きよふうせん》）

昔《むかし》、或《あ》る宰相《さいせう》、老後《らうご》退官《たいかん》の後《のち》、戯《たわむ》れに嘘《うそ》を三邊《さんぺん》りつばについて此《こ》の俺《おれ》をヘコました者《もの》には、金《かね》を千兩《ぜんれう》やらうと云《い》ふ廣告《かうこく》を出《だ》した。嘘《うそ》の巧《うま》い連中《れんちう》が入《い》りかわり立《た》ちかわり現《あら》われたが、初《はじ》めの二邊迄《へんまで》まづうまくごまかしても、最後《さいご》の一邊《いつぺん》がどうしても本當《ほんとう》らしくなつてしまつて、皆引《みなひ》き退《さが》つて行《ゆ》く。

或《あ》る日《ひ》の事《こと》、許風善《きよふうぜん》（虚風扇《きよふうせん》）という者《もの》がやつて來《き》た。

「私《わたし》は銅錢《どうせん》が一屯《トン》あつたら自分一代《じぶんいちだい》は愚《おろ》か、子孫末代《しそんまつだい》、金《かね》を出《だ》さずに肉《にく》を食《た》べる方法《はうはう》を知《し》つて居《ゐ》ます、先《ま》づ一屯《トン》の中半屯《うちはんトン》で牛《うし》を一匹買《いつぴきか》い、殘《のこ》りの半屯《はんトン》で、鐵《てつ》でつくつた大《おほ》きな箱《はこ》を買《か》います、そして此《こ》の牛《うし》を此《こ》の鐵《てつ》の箱《はこ》の中《なか》に入《い》れ・箱《はこ》の一方《いつぽう》に小《ちい》さな穴《あな》を一《ひと》つ穿《あ》けて置《お》きます、そうすると牛《うし》がだんだん生長《せいてう》するに連《つ》れて小《ちい》さい穴《あな》から肉《にく》が溢《あふ》れ出《で》る、それを庖丁《ほうちよう》で切《き》つて食《た》べるのです、客《きやく》が見《み》えてもすぐ間《ま》に合《あ》います」

と云《い》う。

大監《テガム》が之《これ》を聞《き》き、

『こいつ、中々《なか〱》恐《おそ》ろしい奴《やつ》だ、初《はじ》めからこんな巧《うま》い嘘《うそ》をつくからには、しまいにどんな事《こと》を云《い》い出《だ》すかも知《し》れない。この次《つぎ》は、最初《さいしょ》から氣《き》をつけて居《ゐ》て、すぐ本當《ほんとう》の話《はなし》にしてしまわねばならぬ』

と思《おも》い、早《はや》く其《そ》の次《つぎ》をと急《せ》きたてると、

『大監《テガム》のお家《うち》の別嬪《べつぴん》のお孃《ぢやう》さんの婿《むこ》に、私《わたし》をして下《くだ》さる約束《やくそく》になつて居《ゐ》ましたね』

大監《テガム》が、若《も》し娘《むすめ》が居《ゐ》ないとか、そんな約束《やくそく》はなかつたと云《い》えば相手《あいて》の言分《いいぶん》がりつばな嘘《うそ》になるし、それかと云《い》つて嘘《うそ》でないと云《い》つたら大事《だいじ》な娘《むすめ》をやらねばならなくなるので、仕方《しかた》なく、

『中々《なか〱》嘘《うそ》が上手《ぜうず》だね』

と讃《ほ》め、今度《こんど》こそはと其《そ》の次《つぎ》をうながすと許匪善《きよふうぜん》は、

「忠清道《ちうせいだう》の恩津《おんしん》の彌勒佛《みろくぶつ》ね、あれは實《じつ》は私《わたし》のものですが、先年《せんねん》あの彌勒《みろく》の頭《あたま》の上《うへ》に大《おほ》きな棗《なつめ》の木《き》が生《は》えましてね、去年《きよねん》なんか棗《なつめ》がうんとなりましたよ、ところがね餘《あま》り木《き》が高《たか》いものですから、ちぎる事《こと》が出來《でき》ない、そこで唐辛子《たうがらし》の粉《こ》を持《も》つて來《き》て彌勒《みろく》の鼻《はな》の穴《あな》にぶつかけましたね、すると彌勒先生《みろくせんせい》嚔《くしやみ》が出《で》て其《そ》の度《たび》に頭《あたま》をふるものですから、なつて居《ゐ》た實《み》が皆《みな》落《お》ちて來《き》ましたよ、それを大《おほ》きな船《ふね》に積《つ》みこんで鎭南浦《ちんなんぽ》まで運《はこ》び、賣《う》つた所《ところ》が十萬兩《まんれう》になりました、其《そ》の十萬兩《まんれう》で麻布《あさぬの》を買《か》い袋《ふくろ》をつくつて、東南《とうなん》の風《かぜ》を其《そ》の袋《ふくろ》にぎつしりつめこんで、京城《けいぜう》にやつて來《く》ると恰度《てうど》夏《なつ》の盛《さか》りだつたものですから、いや、風《かぜ》がよく賣《う》れるの賣《う》れないのじやありません、一袋《ひとふくろ》につき千兩《せんれう》と云《い》う値《ね》で賣《う》りましたが、其《そ》の時《とき》大監《テガム》も千兩袋《せんれうぶくろ》を一つ掛《かけ》で御《お》買上《かひあげ》になつた筈《はず》ですから、今日《けふ》は是非《ぜひ》お金《かね》を頂戴致《てうだいいた》しましよう」と手《て》を出《だ》されて大監《テガム》も此亦難《これまたがたし》、彼亦難《かれまたがたし》、と云《い》うまゝに千金《せんきん》を許風善《きよふうせん》に渡《わた》した。

註　忠清南道恩津の彌勒佛は身長八丈八尺八寸、朝鮮第一の大きな佛像で花崗岩を以てつくられてある。

今より九百五十年前に出來たものである。

四七、 飯《めし》を食《く》う事《こと》だけは

京城《けいぜう》の宰相《さいせう》が退屈《たいくつ》で仕様《しやう》がないので、田舎《いなか》の客《きやく》に向《むか》い、

「君《きみ》、碁《ご》をうつかね」

と聞《き》くと、

田舎者「碁《ご》は駄目《だめ》です」

宰相「將棋《せうぎ》はどうだ」

田舎者「將棋《せうぎ》は駄目《だめ》です」

宰相「骨牌《かるた》は？」

田舎者「骨牌《かるた》は駄目《だめ》です」

宰相《さいせう》怒《いか》つて、「何《なに》もかも駄目《だめ》だと云《い》うが、じや知《し》つてるものが何《なに》かあるのかい」

と云《い》うと、

田舎者「飯《めし》を食《く》う事《こと》だけは知《し》つて居《ゐ》ます」

四八、　不良《ふりよう》ないとこ

或時《あるとき》徒兄弟《いとこ》にあたる二人《ふたり》の男《をとこ》が、連《つ》れだつて旅《たび》に出《で》たが一人《ひとり》だけ歸《かへ》つて、他《た》の一人《ひとり》の行方《ゆくゑ》が皆目《かいもくし》知れぬ。

其《そ》の妻《つま》が心配《しんぱい》して、破字占匠《パヂヤチヨムチヤング》のところに行《い》つて指《ゆび》さした文字《もじ》が欝《うつ》の字《じ》であつた、破字占《パヂヤチヨム》匠《チヤングたち》は直ちに此《こ》の文字《もじ》から、

「林間日暮《イムカンイルモ》하야《ハヤ》四寸不良《サチヨンプルリヤ》이라《ジダイラ》」

と云《い》つて、歸《かへ》つて來《き》た男《をとこ》が、途中林間《とちゆうりんかん》で夕方殺害《ゆふがたせつがい》したのであると判斷《はんだん》したが果《はた》して其《そ》の通《とほ》りであつた。

註　朝鮮語の四寸は四等親の義である。
破字占（파자점）と云うのは占の一種である。占つて貰う人が指した書籍中の一文字文字に依つて占師即ち破字占匠なるものが、其の人の運命を占うもので昔は可成盛であつたらしい。

四九、王様《わうさま》と乞食《こじき》

昔《むかし》、一人《ひとり》の王様《わうさま》があつた。乞食《こじき》のなりをして、當時《とうじ》名人《めいじん》の聞之《きこ》高《たか》き某破字占匠《ぼうパチヤチヨムチヤンダ》の所《ところ》に行《い》つて、眼《め》を閉《と》ぢてお指《さ》しになつた文字《もじ》は問《とひ》の字《じ》であつた。

「右君左向《ウグンチオアダン》하니《ハニ》君王之相《クンワンダチサン》이라《イラ》」

と云《い》つて、彼《かれ》は直《ただ》ちに其《そ》の王様《わうさま》である事《こと》を喝破《かつぱ》した。

然《しか》るに此《こ》の事《こと》を聞《き》いた一人《ひとり》の乞食《こじき》が其《そ》の夕《ゆふ》べ、王侯《わうこう》の服装《ふくそう》美々《ひび》しく、彼《か》の占師《うらないし》の家《いへ》を訪《をとづ》れ、わざと問《とひ》の字《じ》を指《さ》した。

「口《ク》糊《ミヨン》於《オム》門《ムン》하《ハ》니《ニ》乞《ル》人《イン》之《ヂ》相《サン》이《イ》라」

と速座《そくざ》に占師《うらないし》は其《そ》の乞食《こじき》なる事《こと》を見破《みやぶ》ったと云《い》う。

五〇、王様《わうさま》と占匠《うらないし》

昔《むかし》、一人《ひとり》の王様《わうさま》が極《ご》く粗末《そまつ》な風《ふう》をして、破字占匠《パヂヤチヨムチヤング》の所《とこう》に行《ゆ》き、拄杖《かいぢやう》がはりに、持《も》って居《を》られた杖《つゑ》で地上《ちじやう》に一《いち》の字《じ》を書《か》かれた。

「土《ト》上《サン》畫《フワ》一《タイル》하《ハ》니《ニ》王《ワン》者《ヂー》ㅣ《ヤイ》라《ラ》」

と云《い》って、厚《あつ》くもてなし奉《たてま》つったと云《い》うことである。

五一、猿《さる》の裁判《さいばん》

犬《いぬ》と狐《きつね》が一塊《ひとかたまり》の肉《にく》を拾《ひろ》って、お互《たがひ》に「おれのだ」と云《い》って争《あらそ》ったが、きりがつかぬので、猿《さる》の處《ところ》に行《い》つて裁判《さいばん》を頼《たの》んだ。

猿《さる》は庖丁《ほうてう》と秤《はかり》を持《も》つて來《き》て、肉《にく》を庖丁《ほうてう》で二《ふた》つに切《き》り、兩方《れつほう》を秤《はかり》にかけて見《み》ると少々《せう〳〵》片《かた》一方《いつぱう》が重《おも》い。

そこで重《おも》い方《はう》を少《すこ》しかぢつて又《また》かけると今度《こんど》は他《た》の一方《いつぱう》が重《おも》い。

又《また》かぢつてかけると又片一方《またかたいつぱう》が少々《せう〳〵》重《おも》い。

かぢつてはかけ、かぢつてはかけして居《ゐ》る間《あひだ》に肉《にく》は皆無《みんな》くなつてしまつた。

五二、首《くび》を忘《わす》れた男《をとこ》

力《ちから》の強《つよ》い男《をとこ》と、物忘《ものわす》れの名人《めいじん》と、欲《よく》の皮《かわ》のつつぱつた三人《さんにん》が旅行《りよかう》して居《ゐ》ると、大《おほ》きな枯木《かれき》のうろに蜜蜂《みつばち》の巣《す》を發見《はつけん》した。

欲《よく》の皮《かわ》のつつぱつた男《をとこ》が早速首《さつそくくび》をさしこんで其《そ》の蜜《みつ》をなめたが、あまり深《ふか》くは入《い》つたせいか、ぬこうとしても首《くび》が出《で》ない。

力《ちから》の強《つよ》い男《をとこ》が足《あし》をとつてひつぱると首《くび》がとれて體《からだ》だけ出《で》て來《き》た。

物忘《ものわす》れの名人《めいじん》が之《これ》を見《み》て、

「おやおや此《こ》の男《をとこ》、うちを出《で》る時首《ときくび》を忘《わす》れて來《き》たんだな」

五三、　死生《しせい》を誓《ちか》つた三人《さんにん》の泥棒《どろぼう》

昔《むかし》、郡守《ぐんしゆ》が巡行《じゆんかう》して居《ゐ》ると、道《みち》に三《みつ》つの屍體《したい》が横《よこたわ》つて居《ゐ》る。わけを調《しら》べると、死生《しせい》を共《とも》にしようと誓《ちか》つた三人連《さんにんづ》れの泥棒《どろぼう》が、ある富豪《かねもち》の家《いへ》に押入《おしい》り、莫大《ばくだい》の金《かね》を盜《ぬす》んで、物蔭《ものかげ》で分配《ぶんぱい》する時《とき》、二人《ふたり》が相談《さうだん》し、一人《ひとり》を殺《ころ》し、山《やま》わけにしたが、其《そ》の中《うち》の一人《ひとり》が又《また》もや惡心《あくしん》を起《おこ》し、

「久《ひさ》し振《ぶ》りにおもろい仕事《しごと》にありついたんだ、一《いつ》ぱい祝《いわ》をう」

と酒屋《さかや》に行《い》つて酒《さけ》を買《か》い、之《これ》に毒《どく》を混《ま》せてかえつて來《き》た。

こちらは又《また》、他《た》の男《をとこ》、

「あいつさへ殺《や》つてしまへば今日《けふ》の儲《もうけ》はすつかりおれ一人《ひとり》のものとなる」

と欲《よく》ばり、酒《さけ》を持つては入《い》つて來《く》るやつを不意《ふい》に飛《と》びかかつて一刀《いつとう》のもとに殺《ころ》してしまい、

「之《これ》で先《ま》づ安心《あんしん》だ、祝《いわひ》に酒《さけ》でも飲《の》んでやらう」

と今買《いまか》つて來《き》た毒藥入《どくやくい》りの酒《さけ》をグッとのんだので、忽《たちま》ち毒《どく》にあたつて死《し》んでしまつたとの事《こと》であつた。

五四、　船《ふね》がひつくりかえる樣《やう》にと祈《いの》る男《をとこ》

俄《にわ》かの嵐《あらし》に船《ふね》は木《こ》の葉《は》の如《ごと》く大波《おほなみ》にもまれ、今《いま》にもひつくりかえろうとする。

乘客一同皆《ぜうきやくいちどうみな》生きた心地《こゝち》もなく、助《たす》け給《たま》えと神佛《かみほとけ》を祈《いの》つた。

中《なか》に一人《ひとり》の男《をとこ》だけは、

「神樣《かみさま》、どうぞ早《はや》く此《こ》の船《ふね》をひつくりかえして下《くだ》さい」

と祈《いの》つた。

倖《さいはひ》に暫《しばら》くして風《かぜ》がやみ、波《なみ》が靜《しづま》つたがサア人々《ひとびと》が承知《しようち》せぬ。

男《をとこ》をひつ捕《とら》え、

「ヒヨットコ野郎《やらう》、何《ど》う云《い》う譯《わけ》で船《ふね》がひつくりかへる樣《やう》にと祈《いの》つた」

となじると、彼《か》の男《をとこ》、

「諸君《しよくん》は僕《ぼく》のお蔭《かげ》で命《いのち》の助《たす》かつたのがわからぬのか」

と云《い》うから、其《そ》の譯《わけ》をきくと、

「實《じつ》は自分《じぶん》は之《これ》まで色々苦《いろいろくる》しい目《め》、悲《かな》しい目《め》に遇《あ》う度《たび》に神樣《かみさま》に御《お》すがり申《まを》したけれども、只《たゞ》の一度《いちど》だつて願《ねがひ》の叶《かな》つた事《こと》がなくいつも其《そ》の反對《はんたい》の結果《けつくわ》を生《う》んだ、だから今日《けふ》は逆《ぎやく》に祈《いの》つたのさ、若《も》しも助《たす》かる樣《やう》にとでも祈《いの》つたものなら、多分皆《たぶんみな》さんは今頃《いまごろ》土左衛門《ザヱモン》になつてただろう」

五五、　華會洞《かくわいどう》の高子《コヂヤ》と寧邊《ねいへん》の申氏《しんし》

昔《むかし》、華會洞《かくわいどう》に頗《すこぶ》る口《くち》の達者《たつしや》な고자《コヂヤ》（睾丸《きんたま》のない者《もの》）があつた。毎日《まいにち》、洞内《どうない》の宰相《さいせう》の家《いへ》の客間《きやくま》に來《き》て、日《ひ》を暮《くら》して居《ゐ》たが、いつも此《こ》の宰相《さいせう》に向《むか》つて、遠《とほ》まわしに惡口《あくこう》を云《い》う。

所《ところ》が此《こ》の宰相《さいせう》、至《いた》つて口不調法《くちぶてうほう》な男《をとこ》で、いつでも云《い》いまかされて居《ゐ》た。或《あ》る日《ひ》、平安道寧邊《へいあんどうねいへん》の住人申進士《じうにんしんしんし》とて、蘇秦張儀《そしんちやうぎ》も跣足《はだし》で逃《に》げる雄辯家《ゆうべんか》がやつて來《き》たので、宰相《さいせう》は非常《ひじやう》に喜《よろこ》び、

「實《じつ》は此《こ》の洞内《こうない》に一人《ひとり》の고자《コヂヤ》が居《ゐ》て、いつもわしに遠廻《とほまわ》しに惡口《あくこう》を云《い》つては耻《はぢ》をかゝせる、殘念《ざんねん》でたまらぬから、一《ひと》つ君《きみ》の辯舌《べんぜつ》で彼《かれ》に耻《はぢ》を與《あた》え、日頃《ひごろ》の鬱憤《うつぷん》を晴《は》らして貰《もら》い度《た》い」

と賴《たの》んだ。

其《そ》の翌日《よくじつ》、宰相《さいしやう》の客間《きやくま》に賓客《ひんきやく》が滿《み》ちた時《とき》、彼《か》の고자《コヂャ》も其《そ》の中《なか》に交《まじ》つて居《ゐ》たが、申進士《しんしんし》と挨拶《あいさつ》がすんでから、

고자「寧邊《ねいへん》と云《い》う所《ところ》は、支那《しな》との境《さかひ》に近《ちか》い所《ところ》だから、自然《しぜん》彼《あ》の國《くに》との交通《こうつう》も繁《しげ》く、從《したが》つて支那人《しなじん》の種《たね》も澤山交《たくさんまじ》つて居《ゐ》ましような」

申「そうです」

고자『ではまあ、寧邊《ねんへん》の人間《にんげん》は混血兒《あいのこ》と云《い》つたわけですな」

申「混血兒《あいのこ》は別《べつ》にして育《そだ》てて居《ゐ》ます」

고자「どんな風《よう》にして」

申「若《も》し支那人《しなじん》との混血兒《あいのこ》が生《うま》れれば、男《をとこ》の子《こ》なら馬《うま》の尻《し》つ尾《ぽ》で睪丸《きんたま》をくくり三箇月《さんかげつ》位《くらゐ》そのままにして置《お》くと、自然《しぜん》睪丸《きんたま》が落《お》ちるから、落《お》ちたらこれを京城《けいぜう》の華會洞《かくわいどう》に養子《やうし》にやるし、女《をんな》が生《うま》れたら同《おな》じく華會洞《かくわいどう》に嫁《よめ》にやる事《こと》にして居《ゐ》ます」

と答《こた》つたので、滿堂《まんどう》手《て》を叩《たゝ》いて笑《わら》いくづれ、고자《コヂャ》は火《ひ》の出《で》る樣《やう》な赤《あか》い顏《かほ》をして引《ひ》き下《さが》

つた。

註 高子（고자）は生殖器のない、又は生殖器の怪しいものであるが男性の勝つて居るもの、
高女（고녀）は高子と反對に女性の勝つて居るもの、
內侍（내시）は男の睾丸をとつてしまつたもの、宮女の取締りをするもので、支那の宦官の様なものである。

五六、 兩班《ヤンバン》が바아자《バガチ》（博愛之）なら常漢《ぞうかん》は합지박《ハムチバク》

主人《しゆじん》の兩班《ヤンバン》が、平常《へいぜい》韓退之《かんたいし》の原道篇《げんどうへん》を讀《よ》んで科擧《かきよ》に合格《ごうかく》したな

下男《げなん》が其《そ》の後《のち》、夜《よる》になればきつと、

「합지박《ハムチバク》、합지박《ハムチバク》」

と大《おほ》きな聲《こえ》で唱《とな》えるので主人《しゆじん》が其《そ》のわけを聞《き》くと、

下男「旦那様《だんなさま》は平常《へいぜい》박아지《バガチ》（博愛之）とお讀《よ》みになつて科擧《かきよ》に合格《ごうかく》なすつたんですから

私《わたし》は합지박《ハムチバク》で登科《とうか》しようと思《おも》います」

主人「どうして함지박と云《い》うんだい」

下男「旦那様《だんなさま》は兩班《ヤンバン》でしよう、だから박아지《パガヂ》でも足《た》りますけれど、私《わたし》は常漢《ぜうかん》ですから박《パ》아지《ガヂ》より大《おほ》きいものでなければ駄目《だめ》でしようから」

註　博愛之は韓退于の原後篇にある句で、之を朝鮮語では박애지と讀むから박아지の音とよく似て居る。박아지は匏を半分に割つてつくつたもので、水をすくつたり物を入れる器具である。함지박と云うのは木をきりぬいた水其他のものの入れ物で박아지よりはずつと大きい。

五七、欺《だま》されぬ趙生員《ぜうせんゐん》

趙生員《てうせんゐん》と云《い》う老人《ろうじん》は、中々《なか〳〵》面白《おもしろ》い老人《ろうじん》で、驢馬《ろば》がなくのを見《み》て、欠伸《あくび》をして居《ゐ》ると云《い》う男《をとこ》だ。

或日《あるひ》一人《ひとり》の生意氣《なまいき》な少年《せうねん》が、孫《まご》を訪《たづ》ねて來《き》たが、老人《ろうじん》に會《あ》つたので、

「평안한가《ペヨンダアンハンカ》（變《かわ》りはないか）」

と云《い》つた。

趙生員《ちようせんいん》が大《おほ》いに怒《いか》り、

「生意氣《なまいき》な小僧《こぞう》、大人《おとな》に向《むか》つて挨拶《あいさつ》するのに기운이엇더하십시오《キウンイオツトハシプシオ》（御機嫌宜《ごきげんよ》しう御《ご》座《ざ》いますか）と云《い》はずに、평안한가《ペヨングアンハンカ》（變《かわ》りはないか）とは何事《なにごと》だ」

とどなりつけられて、元來《ぐわんらい》耳《みゝ》の遠《とほ》い老人《ろうじん》を輕蔑《けいべつ》しきつて居《ゐ》る少年《せうねん》、大《おほ》きな聲《こゑ》で、

「私《わたし》が何《なん》と云《い》つたと云《い》つてそんなに叱《しか》られるんですか」

と反問《はんもん》すると、老人《ろうじん》、

「おのれ、おれが耳《みゝ》が遠《とほ》いと思《おも》つて誤魔化《ごまか》そうとしても駄目《だめ》だ、耳《みゝ》は遠《とほ》くても目《め》まで遠《とほ》くはないぞ、평안한가《ペヨングアンハンカ》と云《い》えば口《くち》が大《おほ》きく開《ひら》く、기운이엇더하십시요《キウンイオシトハシプシヨ》と云《い》えば丸《まる》くなるんだ、さつき貴樣《きさま》が挨拶《あいさつ》した時《とき》、口《くち》が大《おほ》きく開《あ》いたじやないか」

五八、　夏《なつ》の雁《かり》、私《わたし》の杏《あんず》

昔《むかし》、宰相《さいせう》があつた。

人《ひと》に欺《だま》されぬのを得意《とくい》として居《ゐ》た。

或《あ》る日《ひ》、皆《みな》に向《むか》つて、

「誰《たれ》でもいいから俺《おれ》を欺《だま》す事《こと》の出來《でき》た者《もの》には金《かね》を千兩《せんれう》やろう」

と云《い》い出《だ》した。

門客《もんきやく》の一人《ひとり》が、

「私《わたし》が若《わか》い時分《じぶん》の事《こと》、よく友達《ともたち》と訓錬院《くんれんゐん》で弓《ゆみ》を引《ひ》いたものでしたが、或時《あるとき》、皆《みな》が空《そら》を飛《と》んでる雁《がん》をしとめたらおごろうと、こう申《まを》しますので、慰《なぐさ》み半分《はんぶん》に射《ゐ》ましたよ、ところがね、具合《ぐあい》よくあたりましたので皆《みな》が杏《あんず》をおごつて呉《く》れましたが、其《そ》の杏《あんず》が途《と》方《はう》もない大《おほ》きな杏《あんず》で御座《ござ》いました、まあそうですね、사발《サバル》（陶器《たうき》製《せい》の食器《しよくき》、直徑《ちよくけい》五六寸《すん》）位《くらゐ》の大《おほ》きさでしたね」

宰相「こりや、馬鹿《ばか》にするな、사발《サバル》位《くらゐ》の杏《あんず》が何處《どこ》にある」

門客「いや사발《サバル》は少々《せうせう》云《い》い過《す》ぎましたが先《ま》づお茶椀《ちやわん》位《くらゐ》は確《たし》かでしたね」

宰相「茶碗位《ちやわんぐらゐ》の杏《あんず》もない」
門客「ほんとはドングリ位《ぐらゐ》で御座《ござ》いました」
宰相「まあそれ位《くらゐ》のところだらう、どうだい、いくら欺《だま》そうたつて欺《だま》されんだろう」
門客「いや大監《テガム》欺《だま》されて居《ゐ》らつしやいます」
宰相「どうして欺《だま》されて居《ゐ》る」
門客「一体雁《いつたいかり》は秋《あき》のもので杏《あんず》は夏《なつ》のものじやありませんか」
宰相《さいせう》が膝《ひざ》をたゝいて、
「いやすつかり欺された」
と早速千両《さつそくせんれう》の金《かね》を門客《もんきやく》に渡《わた》した。

註　訓錬院は兵士の試才、武藝の練習及兵書の講習等を掌る官衙。

五九、一両《いちれう》二モ《トン》の麻《あさ》

口《くち》八町《はつてう》手《て》八町《はつてう》の妻君《さいくん》が、或《あ》る日《ひ》、麻《あさ》を一匹《いつぴき》織《お》つて夫《をつと》に渡《わた》し、

「之《これ》を一兩《いちれう》二毛《トン》に賣《う》つて來《き》なさい」

と云いつけた。

夫《をつと》が市《いち》に持《も》つて行《い》つたが、誰《たれ》も一兩以上《いちれういじやう》には買《か》をうとする者《もの》がない。

仕方《しかた》なく賣《う》らずに歸《かへ》る途中便意《とちうべんい》を催《もよほ》して來《き》たので、持《も》つて居《ゐ》る麻《あさ》を傍《かたわら》に置《お》いて用《よう》を足《た》して居《ゐ》ると、其間《そのあひだ》に通《とほ》りかゝつた一人《ひとり》の泥棒《どろぼう》にとられてしまつた。

男《をとこ》、獨語《どくご》して曰《いは》く、

「倒《さか》さになつて探《さが》しても、一兩以上《いちれういじやう》に買手《かいて》のない麻《あさ》を盗《ぬす》んで、二毛《にトン》損《そん》をするつもりか…………」

六〇、こじつけの上手な外見《みえ》坊主《ぼうず》

昔《むかし》、貧乏《びんぼう》で居《ゐ》ながら、大變《たいへん》外見《みゑ》をはりたがる男《をとこ》があつた。

或日《あるひ》財布《さいふ》をはたいて見《み》ると、珍《めづ》らしく銅錢《かうせん》が一文出《いちもんで》て來《き》たので、之《これ》で雪花菜《きらす》を買《か》つて腹《はら》を滿《み》たし、如何《いか》にも美味御馳走《うまいごちそう》でも食《く》つた樣《やう》に、切《しき》りに舌皷《したつゝみ》をして居《ゐ》るのを見《み》て友《とも》達《たち》が、

「君《きみ》どんな御馳走《ごちそう》を食《く》つたら、そんなに舌皷《したつゝみ》をしてるんだい」

ときく。

「豚肉《ぶたにく》を腹一杯食《はらいつぱいく》つたからさ」

と云《い》ひながらもう一《いつ》ぺん舌皷《したつゝみ》をうつた拍子《ひやうし》に口《くち》から最前《さいぜん》の雪花菜《きらす》が飛《と》び出《だ》した。

友達《ともだち》が、

「君《きみ》こりやあ雪花菜《きらす》じやないか」

と云《い》ふと、男《をとこ》すかさず、

「ハハ……………先《さき》の豚《ぶた》め雪花菜《きらす》を食《く》つて居《ゐ》たな」

六一、驢《ろ》馬《ば》の卵《たまご》

山《やま》の中《なか》のとある村《むら》に若《わか》い夫婦《ふうふ》が住《す》んで居《ゐ》た。夫《をつと》が餘《あま》り愚《おろ》か者《もの》なので、妻《つま》は常《つね》に之《これ》を苦《く》に病《や》んで居《ゐ》たが、或日《あるひ》の事《こと》、妻《つま》が麻《あさ》を一匹《いつぴき》織《お》つて、

「これを持《も》つて市場《いちば》に行《ゆ》き、賣《う》つた御《お》金《かね》でお酒《さけ》を飲《の》み、午食《ひるめし》を食《た》べて、餘《あま》りがあつたら、何《なん》でもいゝから買《か》つていらつしやい」

と渡《わた》した。

愚《おろ》かな夫《をつと》は、妻《つま》に云《い》いつけられた通《とほ》り、麻《あさ》を持《も》つて市場《いちば》に行《ゆ》くと、幸《さいはひ》に九十錢《せん》に賣《う》れたので、酒《さけ》を飲《の》み、飯《めし》を食《た》べて、腹《はら》を滿《み》たし、尙殘《なほのこ》りの金《かね》を持《も》つて、町《まち》をあちらこちら、何《なに》かやすいものはないかと探《さが》して歩《ある》く中《うち》、とある店《みせ》で目《め》についたのはテカテカ光《ひか》る眞黑《まつくろ》な、大《おほ》きさは방구리《バングリ》（水《みず》を汲《く》む時《とき》に用《もち》いる圓形《えんけい》の土器《どき》）位《くらゐ》のまるいものであ

る。

「何《なん》だ」と聞《き》けば、驢馬《ろば》の卵《たまご》で、値段《ねだん》は一圓《いちゑん》だが、八十錢《せん》にまけるとの事《こと》だ。

八十錢《せん》は無《な》いから七十錢《せん》にまけろと、辛《や》つと七十錢《せん》にまけさせて、ホクホク喜《よろこ》び家《うち》に歸《かへ》つて妻《つま》に見《み》せると、妻《つま》眉《まゆ》をひそめて、

「まあ驚《きやう》いた、西瓜《すいか》一《ひと》つを七十錢《せん》に買《か》つて來《く》るなんて」

と云《い》う。

「ナニ、西瓜《すいか》、そんなものとはちがうよ、これは驢馬《ろば》の卵《たまご》だ」

といくら云《い》つて聞《き》かしてもわからばこそ、新《あた》らしい綿《わた》に包《つゝ》んで、溫突《オンドル》のたき口《くち》の暖《あたゝか》いところに置《お》き、毎日《まいにち》、今日《けふ》は孵《かへ》るか、明日《あす》は孵《かへ》るかと待《ま》つて居《ゐ》る中《うち》、四五日《にち》して西《すい》瓜《か》が半分《はんぶん》腐《くさ》り、中《なか》から汁《しる》が出《で》て來《き》た。

妻君《さいくん》が、

「驢馬《ろば》の卵《たまご》が腐《くさ》つた樣《やう》ですから捨《す》てておしまいなさい」

と云《じ》うと、

「惜《を》しい事《こと》をした」

と云《い》いながら、ポンと前《まへ》の籔《やぶ》に投《な》げる。

とたんに何處《ど》からか、一匹《いつぴき》の驢馬《うば》の子《こ》が現《あらは》れ、籔《やぶ》の向《むか》うの家《いへ》には入《い》つた。

愚《おろ》か者《もの》、すぐ跡かたを辿つて行き、家《いへ》の主人《しゆじん》に、

「卵《たまご》から孵《かへ》つた驢馬《ろば》の子《こ》が貴君《あなた》のうちに逃《に》げ込《こ》んで居《ゐ》る筈《はず》だから返《かへ》して貰《もら》い度《た》い」

と云《い》うと、主人《しゆじん》も、からかい半分《はんぶん》に厩《うまや》に行《い》つて見《み》ると、果《は》たして見《み》なれぬ驢馬《うば》の子《こ》が居《ゐ》る。

「これだ、これだ」

と愚《おろ》かな男《をとこ》は早速《さつそく》ひいて自分《じぶん》の家《うち》にかえり、妻《つま》に向《むか》つて、

「すんでの事《こと》に驢馬《うば》の子《こ》をとられる所《ところ》だつた」

六二、不老不死《ふろうふし》の藥《くすり》

京城《けいぜう》のある兩班《ヤンバン》が、かねて神仙《しんせん》といふものに遇《あ》つて、不老不死《ふろうふし》の藥《くすり》を貰《もら》い度いものと思《おも》つて居《ゐ》たが、或《あ》る時《とき》、自分《じぶん》の親類《しんるい》で、濟州《さいしう》の牧使《ぼくし》をして居《ゐ》る者《もの》があると云《い》う事《こと》を聞《き》いて、大《おほい》に喜《よろこ》び、昔《むかし》から濟州島《さいしうとう》の漢拏山にには神仙《しんせん》が居《ゐ》るとの事《こと》、又《また》とない機會《きくわい》であるからと尋《たづ》ねて行《い》つた。

濟州《さいしう》の牧使《ぼくし》は早《はや》くも此《こ》の事《こと》を聞《き》き、前以《まへもつ》て人《ひと》を漢拏山に送《おく》り斯《か》く斯《か》くしかじかと云《い》い含《ふく》め、手《て》筈《はず》を決《き》めて、兩班《ヤンバン》の來《く》るのを待《ま》つて居《ゐ》た所《ところ》で、早速《さつそく》彼《かれ》に面會《めんくわい》し、挨拶《あいさつ》がすんだ後《のち》、

「御《ご》承知《せうち》でもあらうが、此《こ》の土地《とち》は、昔《むかし》から云《い》い傳《つた》えられてある通《とほ》り、今《いま》でもよく神仙《しんせん》が現《あら》われる事《こと》がありますす」

と話《はな》すと、兩班《ヤンバン》、愈々《いよ／＼》うわさにたがわなかつたと喜《よろこ》ぶ事限《ことかぎ》りなく、翌日未《よくじつみ》明《めい》に支度《したく》し

て漢拏山に登《のぼ》つたが、少《すこ》し行《ゆ》くと大《おほ》きな岩《いは》の上《うへ》に白髪《はくはつ》の老翁《らうをう》が二人《ふたり》、碁《ご》を圍《かこ》んで居《ゐ》るから、これこそ日頃《ひごろ》慕《した》う神仙《しんせん》に相違《さうい》ないと、先《ま》づ恭《うやうや》しくおじぎをした後《のち》、不老不死《ふらうふし》の藥《くすり》を乞《こ》うと、こちらの老人《らうじん》たち、見向《みむ》きもせず、相變《あひかは》らずパチパチと烏鷺《うろ》を戰《たゝか》わして居《ゐ》たが、夕方《ゆふがた》になつて側《かたは》らの硝子《がらす》の瓶《びん》を傾《かたむ》け、うすぎたない入《い》れものに水《みづ》の樣《やう》なものを一《いつ》ぱいついで呉《く》れたので、有難《ありがた》く押戴《おしいたゞ》きグッと飮《の》みほしたが、何《なん》だか馬《うま》の小便《せうべん》の樣《やう》な味《あぢ》がした。

けれども不老不死《ふらうふし》の藥《くすり》とのみ思《おも》い込《こ》んで居《ゐ》る兩班《ヤンパン》は、嬉《うれ》しさの餘《あま》り魂《たましひ》も身《み》に添《そ》わず其塲《そのば》にひれ伏《ふ》して居《ゐ》ると、老人《らうじん》の一人《ひとり》が云《い》うのに、

「其方《そのはう》がこの所《ところ》に來《き》てから、既《すで》に三年《さんねん》の月日《つきひ》がたつた、速《すみや》かに俗界《ぞくかい》に歸《かへ》り、妻子《さいし》に遇《あ》つてよからうぞ」

兩班《ヤンパン》は厚《あつ》く禮《れい》を述《の》べ、いそいそと我家《わがや》に歸《かへ》つて來《く》ると、以前《いぜん》から居《ゐ》た犬《いぬ》の子《こ》が、主人《しゆじん》を見《み》てなつかしげに尾《を》を振《ふ》りながら出《で》て來《き》たから不思議《ふしぎ》に思《おも》い、

「前《まへ》と少《すこ》しも變《かは》らぬ所《ところ》を見《み》ると、貴様《きさま》も何處《どこ》かで不老不死《ふろうふし》の藥《くすり》を飲《の》んだな」

とつぶやきながら、家《いへ》には入《い》り、其《そ》の夜《よ》は夫人《ふじん》に不老不死《ふろうふし》の藥《くすり》を飲《の》んだ話《はなし》をしてやすんだが、翌日《あくるひ》の新聞《しんぶん》に、

「濟州《さいしう》の牧使《ぼくし》の親戚《しんせき》なる某氏《ぼうし》が、漢拏山に登《のぼ》り馬《うま》の小便《せうべん》を飲《の》んで歸《かへ》つた」

と出《で》て居たのを見《み》て大《おほ》いに怒《いか》り、早速新聞社《さつそくしんぶんしや》に抗議《かうぎ》を申《まを》し込《こ》んだと云《い》う。面白《おもしろ》い兩班《ヤンバン》もあつたものだ。


註（牧使）州に置いた地方官、正三品。

六三、神農氏《しんのうし》以前《いぜん》の毒消藥《ごくけしやく》

神通《しんとんぐ》と云《い》う子供《こども》が山《やま》に草摘《くさつ》みに行《ゆ》き、何心《なにごゝろ》なく、天南星《てんなんせい》をとつて食《た》べた爲《た》め、俄《にわ》かに喉《のど》がはれて死《し》にそうになつた。

父親《てゝおや》が藥屋《くすりや》から毒消《ごくけし》の藥《くすり》を買《か》つて來《き》て飲《の》ましたのでやつと助《たす》かつたが、神通《しんとんぐ》が不思議《ふしぎ》

に思《おも》つて父《ちゝ》に向《むか》い、
「昔《むかし》、神農氏《しんのうし》が萬草《よろづのくさ》を味《あじ》わつて、初《はじ》めて藥《くすり》をつくられたつて云《い》いますが、天南星《てんなんせい》をおあがりになつた時《とき》は何故《なぜ》死《し》なれなかつたんでしよう」
とたづねると、父親《てゝおや》が答《こた》えるのに、
「其《そ》の時《とき》も藥屋《くすりや》に行《い》つて毒消《どくけし》の藥《くすり》を買《か》つて飲《の》まれたんだらう」
「じやあお父《とう》さん、神農氏《しんのうし》以前《いぜん》にも藥屋《くすりや》があつて、藥《くすり》をつくつたんですね、だれでしよう、それは」
「そんな大昔《おほむかし》の事《こと》を誰《たれ》が知《し》るものかい」

註　神農氏は大昔、支那の五人の王樣の中の一人で、民に初めて醫藥と農業を敎へられた牛頭の方であつたと傳へられる。

六四、개《ケ》 일《イル》 랑《ラン》

或《あ》る書堂《しよだう》で、生徒《せいと》が千字文《せんじもん》を習《なら》う時《とき》、鐵《てつ》の字《じ》が出《で》て來《き》た。괴일《クェイル》(愛《あい》する)と云《い》う색임(文字《もじ》の意味《いみ》)だけは覺《おぼ》えたが、총《チヨン》と云《い》う音《おん》がどうしても飲《の》み込《こ》めない。

そこで先生《せんせい》が、「獸《けもの》を殺《ころ》す총《チヨン》(銃)と同《おな》じ音《おん》だから、今度《こんど》忘《わす》れたらそれで思《おも》い出《だ》せ」と敎《をし》えられた。

翌日《よくじつ》、又《また》ぞろ鐵《てつ》の音《おん》を忘《わす》れてしまつた生徒《せいと》は、昨日《きのう》の先生《せんせい》の言葉《ことば》「忘《わす》れたら銃《じう》の音《おん》で思《おも》い出《だ》せ」と云《い》うのを思《おも》い出《だ》し、

괴일탕《クエイルタング》

註 朝鮮語で文字を覺える時は先づ색임(意味)を覺えて、それから음(音)を覺える、例ば秋の字であつたら、가을(あき)と云う意味を覺えて、추(チウ)と云う音を覺える様なものだ。탕は총を放つた時の音、即ち吾語のトンにあたる、총は朝鮮語の銃である、銃の字と同じ音であると云われたのを鐵の音と同じであると思いちがえたのである。

六五、神農氏《しんのうし》の頭《あたま》

頭《あたま》が飛《と》び切《き》り大《おほ》きい男《をとこ》があつた。

どうもいゝ具合《ぐあひ》に自分《じぶん》の頭《あたま》に適《あ》う冠《かんむり》がないので、或時《あるとき》遠方《えんぽう》の町《まち》に冠買《かんむりか》いにと出《で》かけた。

冠商《かんむりせう》が此《こ》の男《をとこ》の頭《あたま》を見《み》て、

「私《わたし》もずいぶん長《なが》い間《あひだ》、冠《かんむり》の商賣《せうばい》はして居《ゐ》ますが、あなたの樣《やう》な貴《こうと》い頭《あたま》はまだ見《み》た事《こと》がありません」

と云《い》う。

「どうして」

ときくと冠商《かんむりせう》が、

「あなたの頭《あたま》は昔《むかし》の神農氏《しんのうし》の頭《あたま》です」

之《これ》を聞《き》いて大《おほ》きに喜《よろこ》んだ頭《あたま》の大《おほ》きい男《をとこ》、家《いへ》に歸《かへ》り、

「平常《いつ》、皆《みな》が俺《おれ》の頭《あたま》の惡口《わるくち》ばかり云《い》つて居《ゐ》るが、今日《けふ》町《まち》で或人《あるひと》がおれの頭《あたま》を指《さ》して神農氏《しんのうし》の頭《あたま》だと云《い》つたよ」

と云《い》うと、かたわらに居《ゐ》た一人《ひとり》の友達《ともだち》、

「じやあ君《きみ》の頭《あたま》は牛《うし》の頭《あたま》だね」

註 神農氏は人身牛首さ云われて居る。

六六、 疊疊《てうでう》たる山中《さんちう》

兩班《ヤンパン》の安生員《あんせんをん》は中々《なか〱》物識《ものしり》で其《そ》の上文章《うへぶんせう》もたくみであつた。

或《あ》る日《ひ》村《むら》の一少年《いちせうねん》が、

「先生《せんせい》、大《おほ》きな山《やま》の事《こと》をよく첩 첩 한산중《チロプチロプハンサンチユン》（疊々《てう〱》たる山中《さんちう》）と云《い》いますが、あれは一體何《いつたいなん》の意味《いみ》です」

と尋《たづ》ねると安生員《あんせんゐん》、

「まあ、幾歳《いくつ》になれば物《もの》がわかるんだらう、何《なに》も大《おほ》きな山《やま》と限《かぎ》つた事《こと》はないさ、小《ちひ》さい山《やま》だつて寺《てら》さへ澤山《たくさん》あれば、첩첩한산중《チヨプチヨプハンサンチユン》（疊々《てふ〳〵》たる山中《さんちう》）と云《い》ふのさ」

少年《せうねん》が其《そ》のわけをきくと、

「これだけ云《い》つても未《ま》だ觧《わか》らぬのか、山《やま》に寺《てら》が多《おほ》ければ自然《しぜん》坊主《ばうず》が多《おほ》いわけだらう碌《ろく》でもない女《をんな》の子《こ》たちが、やれいい婿《むこ》が貰《もら》ねる樣《やう》にとか、子供《こども》が出來《でき》る樣《やう》にとか、佛《ほとけ》樣《さま》にお願《ねが》いに出《で》かける、だが、お寺《てら》にお參《まゐ》りした女《をんな》で、一人《ひとり》でも無事《ぶじ》に歸《かへ》つた女《をんな》が居《ゐ》ると思《おも》ふか、だからそれ、御《お》寺《てら》の多《おほ》い山《やま》の事《こと》を첩첩한산중（萋萋《せうせう》たる山中《さんちう》）と云《い》ふのさ…………」

註　疊々、萋々、共に其の音が첩첩である。

六七、　惡戲者《いたづらもの》と坊主《ばうず》

五六人《にん》連れで道《みち》を歩《ある》いて居《ゐ》ると、向《むか》うから坊主《ぼうず》が一人《ひとり》やつて來《く》る。

一人《ひとり》の悪戯者《いたづらもの》、
男「おい皆《みな》の衆《しう》、俺《おれ》が今《いま》、向《むか》うから來《く》る坊主《ぼうず》の奴《やつ》を泣《な》かしたり、笑《わら》わしたりして見《み》ようか」

「面白《おもしろ》かろう」

と云《い》つてる處《ところ》へ坊主《ぼうず》がやつて來《き》た。

つかつかとそばに寄《よ》つたかの男《をとこ》、坊主《ぼうず》の顔《かほ》をつくづく見《み》て居《ゐ》たが、突然《いきなり》其《そ》の手《て》をしつかと握《にぎ》り、

「まあよく似《に》たものだ」

と云《い》いながら、大《おほ》きな聲《こゑ》で泣《な》き出《だ》した。

すると坊主《ぼうず》は、きつと此《こ》の人《ひと》は、親兄弟《おやけうだい》の中《うち》に世《よ》を捨《す》てた人《ひと》があつて、自分《じぶん》の様《やう》な坊主《ず》を見《み》れば思《おも》い出《だ》されて泣《な》くのに違《ちが》いないと思《おも》い、自分《じぶん》も何《なん》だか親兄弟《おやけうだい》の事《こと》が頭《あたま》に浮《うか》

んで悲《かな》しくなり、一緒《いつしよ》に泣《な》き出《だ》したが、暫《しば》らくして、
坊「これもうお泣《な》きなさるな、親御《おやご》様《さま》か御兄弟《ごけうだい》の中《うち》に、私《わたし》の様《やう》に世《よ》を捨《す》てた方《かた》でも御《ご》座《ざ》らつしやるか」
と尋《たづ》ねると、かの男《をとこ》、
男「似《に》て居《ゐ》ると云《い》うのは外《ほか》でもない、貴公《きこう》の頭《あたま》が俺《おれ》の膝頭《ひざがしら》によう似《に》てるつて事《こと》さ」
坊「へへへ……………南無阿彌陀佛《なむあみだぶつ》」

六八、　京城《けいじやう》の大人《おとな》田舎《ゐなか》の子供《こども》に一《いつ》ぱい食《く》わさる

京城《けいじやう》の地主《ぢぬし》が田舎《ゐなか》の小作人《こさくにん》のところに行《い》つた。

小作人《こさくにん》は、田舎《ゐなか》で賓客《ひんきやく》に對《たい》するなによりもの御馳走《ごちそう》とせられる鶏《にはとり》をつぶして煮《に》て出《だ》した。

地主《ぢぬし》がそれを食《た》べて居《ゐ》ると、此《こ》の家《や》の少年《せうねん》が出《で》て來《き》て、

「あれ、あれ、死《し》んだ雞《にわとり》を食《た》べて居《ゐ》る」

と云《い》うから、

「きつと之《これ》は死《し》んだ鷄《にわとり》をおれに食《く》わしたに相違《さうゐ》ない」

と思《おも》い、そのまゝ箸《はし》をおいて膳《ぜん》を下《さ》げさせた。

するとかの少年《せうねん》、早速《さつそく》ムシャムシャと其《そ》の鷄《にわとり》を食《く》い初《はじ》めたので、地主《ぢぬし》が、

「どうして死《し》んだ鷄《にわとり》を食《た》べるんだい」

ときくと、

少年「鷄《にわとり》を生《い》きたまま食《た》べる人《ひと》がありますか」

京城《けいぜう》の大人《おとな》が田舎《ゐなか》の子供《こども》にしてやられる事《こと》がたまたまある。

六九、齒《し》疾《しつ》の雌《し》雄《ゆう》

或男《あるをとこ》が藥屋《くすりや》に行《い》つて、——

客「치질《チヂル》（歯疾《しつ》）の速効薬《そくこうやく》があるかネ」
主「御座《ござ》います」
客「じやあ貰《もら》をう」
主「あの、치질《チヂル》（痔疾《ぢしつ》）は암치질《アーュチヂル》（雌痔《めすぢ》）ので御座《ござ》いましようか、수치질《スーチヂル》（雄痔《おすぢ》）の方《ほう》で御座《ござ》りましようか」
客「치질《チヂル》（歯疾《しつ》）にも雌《めす》や雄《おす》があるのかい」
主「御座《ござ》りますとも、尻《しり》の穴《あな》の奥《おく》の方《ほう》が痛《いた》いのは雌痔《めすぢ》で尻《しり》の穴《あな》の廻《まわ》りの方《ほう》がはれるのは雄痔《おすぢ》です」
客「まあ呆《あき》れたね、誰《たれ》が尻《しり》が痛《いた》いから薬《くすり》を呉《く》れと云《い》つたんだい、歯痛《しつ》だよ、歯《は》が痛《いた》むんだよ」
主「何《なん》んです歯《は》か痛《いた》むんですつて、まあ學問《がくもん》のない御客様《おきやくさま》ですね、すべて體《からだ》の上《うへ》の方《ほう》の病氣《べうき》に痛《つう》の字《じ》を書《か》き、下《した》の方《ほう》の病氣《べうき》に疾《しつ》の字《じ》を書《か》くのが通《とほ》りなんですよ、これから

歯《は》が痛《いた》むんでしたら 치통《チトング》（歯痛《はいた》）とおつしやい」

客「じやあ何《なに》かい、目《め》は尻《しり》の方《ほう》にくつ附《つ》いて居《い》るから眼痛《がんつう》とは云《い》わないで、안질《アンヂル》（眼疾《がんしつ》）とこう云《い》うんだね」

七〇、宰相《さいしやう》と關良《かんれう》

昔《むかし》、宰相《さいしやう》と關良《かんれう》とが退屈《たいくつ》で仕方《しかた》がないので謎《なぞ》のかけ合《あ》いをやつた。

宰相「わしが리도장《リトヂヤング》（李都掌）の家《いへ》に行《い》つたら장도리《チャングトリ》（金鎚《かなつち》）があつたよ」

關良「私《わたし》が차풍헌《チヤプンホン》（車風憲）の所《ところ》へまいりましたら헌풍채《ホンプングチエ》「古《ふる》くなつた풍채（かぶりもの）」がありましたよ」

宰相「桃《もゝ》の木《き》に燕《つばめ》がとまつて鳴《な》いてるのは何《なに》」

關良「陶淵明《トウヨンゲミヨング》（桃燕鳴）で御座《ござ》います、李《すもゝ》の木《き》から蟬《せみ》が落《お》ちるのは何《なん》でしよう」

宰相「李積善《リヂヨクソン》（李滴蟬）さ」

註　閑良（한량）武官の名、未だ任官し得ざる武人、
郡掌（모장）郡守の下に居る重な役人、
風憲（풍헌）面又は里の職員、
李、卓共に朝鮮人の姓、陶淵明（도연명）李謫仙（리적선）共に支那の學者、李謫仙は李白の別名。
풍채は조바위、남바위など云う冬期の鮮人の冠物（揮項）さよく似た冠りもの。

七一、三《みつ》つの구레기《クレギ》

全羅道《ぜんらだう》に一人《ひとり》の書記《しよき》が居《ゐ》たが、中々《なかなか》食えぬ男《をとこ》で、其《そ》の臨機《りんき》應變《おうへん》の才《さい》を以《もつ》てよく新《あた》らしく赴任《ふにん》して來《く》る郡守《ぐんしゅ》を馬鹿《ばか》にする。之《これ》を前以《まへもつ》て聞《き》いた一郡守《いちぐんしゅ》、着任《ちやくにん》するや直《たゞ》ちに此《こ》の書記《しよき》を呼《よ》んで、

「至急入用《しきふいりよう》があるから、구레기《クレギ》と云《い》う名《な》のつくものを、三《みつ》つだけ求《もと》めてまいれ」

と命《めい》じた。

書記《しよき》は承知《せうち》の旨《むね》を答《こた》へて歸《かへ》つて來《き》たが、구레기《クレギ》と云《い》う名《な》のついたもの三《みつ》つとは中々《なかなか》難《むつ》かしい注文《ちうもん》だから、流石《さすが》の書記《しよき》も閉口《へいこう》して居《ゐ》る所《ところ》え歸《かへ》つて來《き》た今年《ことし》十二になる彼《かれ》の息《むす》

「お父《とう》さん心配《しんぱい》しなくてもいゝよ」

と何《なに》か父親《てゝおや》の耳《みゝ》に口《くち》をあてて囁《さゝや》いた。

書記《しよき》はうなづいて、早速《さつそく》、年《とし》とつた一人《ひとり》の坊主《ぼうず》と、婆《ばゞ》になつた妓生《きせん》と、老書記《ろうアデロン》とを引《ひ》つばつて郡守《ぐんしゆ》の前《まへ》に出頭《しゆつとう》し、
書「郡守様《ぐんしゆさま》、구례기《クレギ》を三《みつ》つ持参致《ぢさんいた》して御座《ござ》ります」

郡「何《なに》を以《もつ》て其《そ》の三人《さんにん》を구례기《クレギ》と申《まを》す」

書「そもそも之《これ》なる坊主《ぼうず》、五歳《ごさい》の時《とき》より僧《そう》となり、今日《こんにち》に至《いた》るまで衆生《しうせう》を欺《あざむ》く事幾度《ことくたび》なるを知《し》らず、之《これ》を以《もつ》て멍구례기《ムングクレギ》と申《まを》します、又《また》これなる老妓《ろうぎ》、十五才《さい》の昔《むかし》より六十歳《さい》の今日迄《こんにちまで》妓生《せん》を業《げふ》とし、男《をとこ》を弄《もてあそ》ぶこと幾人《いくにん》なるを知《し》らず、即《すなは》ち서방질구례기《ソバングチルクレギ》でなくて何《なん》と致《いた》しましよう、まつたこれなる老書記《ろうアデロン》、任官以來今日《にんかんいらいこんにち》七十才《さい》となる迄《まで》、書記《しよき》を致《いた》し、兼《か》ねて罪人《つみびと》の代《かは》りとなつて、體刑《たいけい》を受《う》け、金《かね》を貰《もら》う事幾度《こといくたび》なるを知《し》らず、멧《メツ》

구레기《クレギ》こそは正《まさ》しく之《これ》で御座《ござ》りましよう」

と答《こた》えた。

郡守《ぐんしゆ》聞いて三嘆《さんたん》し、

「いや、うわさに違《たが》わぬ書記《しよき》だ、参《まゐ》つた、参《まゐ》つた」

註 응구레기こそは、上手に人をおだてうまく使う様なずるいたちの者、
서방질구레기こそは男あそびをよくする女、
멧구레기こそは笞でよくなぐられる奴、
此の外거짓말구레기（嘘をよく吐く者）など구레기と言う言葉のついた言葉は澤山ある。

七二、一《いち》兩《れう》の話《はなし》

子供《こども》のない夫婦者《ふうふもの》、二人《ふたり》ションボリ座《すわ》つて居《ゐ》たが、
妻「ネあなた、私《わたし》淋《さび》しくつて仕様《しやう》がないのよ、何《なに》かお話《はな》しして頂戴《ちやうだい》よ」
夫「だつて、俺《おれ》は話《はなし》なんか知《し》らん」

妻「ではここにお金《かね》が一兩《いちれう》ありますから之《これ》を持《も》つて、どこからか話《はなし》を買《か》つていらつしやい、淋《さび》しくつて仕樣《しやう》がないんですもの」
夫《をつと》が一兩《いちれう》の金《かね》を持《も》つて話買《はなしかい》に出《で》かけたが、田《た》の中《なか》で仕事《しごと》をして居《ゐ》る農夫《のうふ》に向《むか》い、
夫「話《はなし》を知《し》つて居《ゐ》たら一《ひと》つ賣《う》つて呉《く》れまいか、一兩《いちれう》ここにあるんだが」
一兩《いちれう》と聞《き》いて農夫《のうふ》は、これは近頃《ちかごろ》にない金儲《かねもうけ》と色色《いろく》考《かんが》ねて見《み》たけれど、さてどうしても話《はなし》が思《おも》い出《だ》せない。
困《こま》つて居《ゐ》る所《どころ》え空《そら》から下《を》りて來《き》たのは一羽《いつぱ》の白鷺《しろさぎ》である。
「よしこれで一《ひと》つごましてやらう」と、
農「もし旦那《たんな》、話《はなし》しますから私《わたし》の云《い》う通《とほ》りあとからつけていらつしやい」
夫「心得《こゝろえ》た」
農「スッとは入《い》つて來《き》た」
夫「スッとは入《い》つて來《き》た」

農「あちこち見《み》るわい」
夫「あちこち見《み》るわい」
農「キヨロキヨロ覗《のぞ》くあの目《め》を見《み》ろ」
夫「キヨロキヨロ覗《のぞ》くあの目《め》を見《み》ろ」
農「サアもうすみました」
男《をとこ》は大變喜《たいへんよろこ》んで一兩《いちれう》の金《かね》を農夫《のうふ》に渡《わた》し、家《うち》に歸《かへ》つて來《く》ると妻君《さいくん》は待《ま》ち兼《か》ねて、早速夕《さつそくゆふ》飯《はん》の支度《したく》をして、夫婦《ようふ》さし向《むか》いになり、
「サア話《はなし》して頂戴《てうだい》」
とせまる。
「ヨシ聞《き》け」
と夫君《ふくん》が話《はな》そうとする時《とき》、一人《ひとり》の泥棒《どろぼう》が外《そと》からスツとは入《い》つて來《き》た。
夫「スツとは入《い》つて來《き》た」

泥棒《どろぼう》がビックリして、

「ハテナ今《いま》の聲《こゑ》は」とあちこち見廻《みまは》す時《とき》、

夫「あちこち見《み》るわい」

オヤ俺《おれ》の來《き》た事《こと》を知《し》つてるかな、どこから一体見《いつたいみ》えるんだらうと、泥棒《どろぼう》、窓《まど》のすきからキヨロキヨロ覗《のぞ》くと、

夫「キヨロキヨロ覗《のぞ》くあの目《め》を見《み》ろ」

と來《き》た。泥棒《どろぼう》、愈々見付《いよいよみつけ》られたと大《おほ》いに驚《おどろ》き、三十六計《けい》の奥《おく》の手《て》を出《だ》して飛《と》び出《だ》した

妻君《さいくん》は面白《おもしろ》い話《はなし》を聞《き》いたと大變《たいへん》に喜《よろこ》び、其《そ》の夜《よ》はやすんだが、翌日《よくじつ》かの泥棒《どろぼう》は、ほんとにあの家《うち》の者《もの》がおれの來《き》た事《こと》を知《し》つてあんなに云《い》つたのだろうか」と今一度確《いまいちどたしか》めるべく、今度《こんど》は魚屋《さかなや》に化《ば》けてやつて來《き》た。

「お魚《さかな》はいりませんか」とは入《い》ると、

妻君《さいくん》は魚《さかな》を見《み》て、其《そ》の中《なか》から大《おほ》きそうなのを一尾《いつぴき》とり上《あ》げ、主人《しゆじん》に向《むか》い、

「령감이《ヨンガムイ》놈을《ノムル》잡《チャヤ》(料理する捕える)으랍닛가《ブリヤムニツカ》[旦那《だんな》こやつを料理《れうり》し(つかまえ)ましようか]

これを聞《き》いた泥棒《どろぼう》はアッと叫《さけ》んで、魚《さかな》も何《なに》も放《ほう》り出《だ》して逃《に》げて行《い》つた。

註　잡는다と云う言葉は種々の意味に用いられる
捕ねる、料理する、殺す（鳥や獣の様なもの）儲ける、得る、執る、やりそこなう。

七三、漢《かん》文《ぶん》體《たい》でなければ話《はなし》の出來《でき》ぬ木書《ぼくそ》房《ばん》

忠淸道木川《ちうせいどうぼくせん》の住人《じうにん》木書《ぼくそ》房《ばん》は漢文體《かんぶんたい》でなければ話《はなし》の出來《でき》ぬ男《をとこ》であつた。

或時夫《あるときふ》人《じん》の里《さと》へ行《ゆ》くと、其《そ》の夜山《よやま》から虎《とら》が出《で》て來《き》て外舅《しうこ》をくわえて逃《に》げてしまつた。

木書《ぼくそ》房大《ばんおほ》いに驚《をどろ》き、

遠《え》山《ざん》の虎《とら》、近《きん》山《ざん》に入《い》り、

吾《われ》之《の》聘《へい》丈《ぜう》を捉去《とらえさ》れり、

有《ゆう》弓《きう》之《の》者《もの》は持《ぢ》弓《きう》而《して》來《きた》れ、

無《む》弓《きう》之《の》者《もの》は執《しつ》杖《ぢやう》而《そ》出《い》でよ、

と叫《さけ》んだが、何《なん》の意味《いみ》かさつぱりわからぬので、誰《たれ》も出《で》て來《く》る者《もの》が無《な》く、老人《らうじん》は遂《つい》に虎《とら》の餌食《ゑじき》になつてしまつた。

家人《かじん》は木書房《ぼくぞばん》の所行《しよげう》を恨《うら》み、官《かん》に訴《うつた》ねた。

郡守《ぐんしゆ》の前《まへ》に引《ひ》つぱり出《だ》されてうんと尻《しり》を叩《たゝ》かれた木書房《ぼくぞばん》、

南山《なんざん》之《の》楚《そ》木《ぼく》を伐《き》り、

吾《われ》之《の》肥《ひ》臀《でん》を猛《かう》笞《たい》す、

哀《あわ》れ吾《わ》が尻《しり》、哀《あわ》れ吾《わ》が尻《しり》。

郡守《ぐんしゆ》大《おほ》いに怒《いか》り、

「こいつ未《ま》だ未《ま》だ漢文體《かんぶんたい》をやめおらぬか」

と叱《しか》れば木書房《ぼくぞばん》、

更不用文字《さらにふようもんじ》で御座《ござ》ります、

益々《ますく》怒《いか》つた郡守《ぐんしゆ》は木書房《ぼくそばう》を遂《つひ》に牢《らう》に入《い》れてしまつた。
夫人《ふじん》が辨當《べんたう》を持《も》つて來《き》て差《さ》し入《い》れやうとすると手《て》が屆《とゞ》かない、木書房《ぼくそばう》、
汝《なんぢ》の手長《てなが》きや、吾《われ》の手長《てなが》きや、
夫人《ふじん》が涙《なみだ》を流《なが》し、
「もし旦那様《だんなさま》どうか漢文《かんぶん》だけはやめて下《くだ》さい、人《ひと》が惡口《あくこう》を云《い》いますから」
と云《い》ふと木氏《ぼくし》、
「誰《たれ》か曰《い》う、誰《たれ》か曰《い》う」

註　朝鮮語の中には、白骨難忘이올시다（死んでも忘れは致しません）とか除萬事제말사（萬事な繰り合わせて）など學識のない人々にも普通の言葉として日常使われるこうした漢文體の言葉が極めて多い、從つて漢學の素養ある人々の言葉が自然漢文体になる傾向を持つて居るのは云うまでもあるまい。

七四、木神《もくしん》の發動《はつどう》

妻君《さいくん》が巫女《みこ》を信《しん》ずる事《こと》甚《はなは》だしく、家《うち》の中《なか》で少《すこ》し體《からだ》の具合《ぐあひ》の惡《わる》い者《もの》でもあると、やれ

呪とかそれ御祈禱とか云《い》つて騒《さわ》ぐので亭主《ていしゆ》も持《も》てあまして居《ゐ》たが、或《あ》る時《とき》一計《いつけい》を案《あん》出《しつ》し、外出《ぐわいしつ》の歸《かへ》りに栗《くり》をひとつ買《か》つて口《くち》に入《い》れ、かた一方《いつぽう》の頰《ほゝ》を丸《まる》くふくらし、苦《くる》しそうな顏《かほ》をして來《き》た。

「どうしたわけか急《きう》にこう頰《ほゝ》がはれて痛《いた》くてたまらぬ」

と云《い》ひながら、夜具《やぐ》をかぶつて寢《ね》てしまつた。

妻君《さいくん》はどう考《かんが》えても怪《あや》しい病氣《べうき》であるから、早速《さつそく》例《れい》の巫女《みこ》の處《ところ》へ行《い》つたが、間《ま》もなくかえつて來《き》て、赤《あか》い바가지《パカチ》（匏を割《わ》つて中《なか》をくりさつた入《い》れもの）に白米《はくまい》を入《い》れ、口《くち》の中《なか》で何《なに》がブツブツつぶやきながら、合掌して祈禱《きとう》を初《はじ》めた。夫《をつと》が其《そ》の譯《わけ》をきくと、

「只今《たゞいま》巫女《みこ》に聞《き》くと、先日《せんじつ》便所《べんじよ》の修繕《しうぜん》をした爲《た》め、木《き》の神樣《かみさま》が發動《はつどう》せられたと云《い》ふのです」

大きな聲《こゑ》で笑《わら》ひ出《だ》した夫《をつと》、口《くち》の中《なか》からさつきの栗《くり》を取《と》り出《だ》し、

「これが木《き》の神樣《かみさま》の爲《た》めかい、よく御覧《ごらん》」

と云《い》われて、妻君恥《さいくんはづ》かしく、再《ふたゝ》び巫女《みこ》の所《ところ》に足《あし》を踏《ふ》み入《い》れなかつたと云《い》う。

七五、ずるい巫女《みこ》

巫女《みこ》が毎日七星洞《まいにちひちせいどう》の賽神《さいしん》に通《かよ》つて居《ゐ》た。

或《あ》る日《ひ》、足《あし》が疲《くたび》れたので、とある家《いへ》に休息《きうそく》して居《ゐ》ると、此《こ》の家《や》に大變《たいへん》よく肥《ふと》つた牛《うし》の仔《こ》の居《ゐ》る事《こと》がわかつた。

數日過《すうじつす》ぎた或晩《あるばん》、又《また》ぞろやつて來《き》た巫女《みこ》は、手早《てはや》くそこに居《ゐ》る牛《うし》の仔《こ》を屋根《やね》の上《うへ》にのせてそ知《し》らぬ顔《かほ》で家《いへ》には入《い》り、休息《きうそく》してもらつて居《ゐ》ると、屋根《やね》の上《うへ》にのせられた牛《うし》が、大《おほ》きの聲《こゑ》を出《だ》しながら歩《ある》きまわるので、此《こ》の家《や》の妻君《さいくん》が大《おほ》いに驚《おどろ》き、巫女《みこ》に占《うらなひ》を賴《たの》むと、巫女《みこ》は聲《こゑ》をひそめ、異變《いへん》の前兆《ぜんてう》なる事《こと》を告《つ》げる。

妻君《さいくん》は益益《ますく》恐《おそ》れて、豫防《よぼう》の方法《はうはふ》をたづねると、

「今《いま》すぐあの牛《うし》の子《こ》を殺《こう》して、半分《はんぶん》を土地《とち》の神樣《かみさま》に供《そな》え、殘《のこ》りの半分《はんぶん》を南方《なんぱう》の道路《だうろ》

に生《は》れて居《ゐ》る柳の枝に掛《か》けて置《お》く明日餅をついてお祭をしたら無事に濟《す》むであらう」
と答《こた》へた。
迷信深《めいしんぶか》い妻君《さいくん》が其《そ》の通《とほ》りしたので、巫女《みこ》は大《たい》した骨《ほね》を折《を》らずに肉《にく》の馳走《ちそう》になつた上《うへ》、
お祭《まつ》りの金迄貰《かねまでもら》つた。

七六、妓生《きいさん》の笑《わらひ》

田舎《ゐなか》の薪賣《たきぎうり》が京城《けいぜう》え出《で》て、道《みち》ばたで糞《くそ》を垂《た》れて居《ゐ》ると、通《とほ》りかゝつた妓生《きいさん》が之《これ》を見《み》て笑《わら》つた。

薪賣《たきぎうり》が村《むら》へ歸《かへ》り、連中《れんちう》に告《つ》げて曰《いは》く、

「今日《けふ》京城《けいぜう》で妓生《きいさん》が俺《おれ》を見《み》て笑《わら》つたよ」

註　妓生（기생）と云うのは朝鮮の藝者である、

七七、儒者《じや》の無禮《れい》

儒者《じゆしや》があつた、隣村《となりむら》に移轉《いてん》すると云《い》うので、道袍《どうはう》を着《つ》け、祠堂《しどう》にまつつた祖先《そせん》六代《だい》の位牌《いはい》を兩手《れうて》に捧《さゝ》げて、靜靜《しづく》と歩《ある》き出《だ》した。

折《をり》から、隣家《りんか》では、老婆《らうば》が秘藏《ひさう》の犬《いぬ》の仔《こ》が見《み》えないので八方探《はつぱうさが》して居《ゐ》たが、見《み》ると儒《じゆ》者《しや》が兩手《れうて》に何《なに》か黑《くろ》いものを大事《だいじ》そうにかかねて居《ゐ》るから、

「てつきりうちの犬《いぬ》の仔《こ》にちがいない」

と思《おも》い込《こ》んであとを追《お》つかけ、

「もし先生《せんせい》その犬《いぬ》の子《こ》を返《かへ》して下《くだ》さい」

と云《い》うと、儒者《じゆしや》大《おほ》いに怒《いか》り、持《も》つてた位牌《ゐはい》をグツと前《まへ》につき出《だ》し、

「見《み》よ貴樣《きさま》のうちの犬《いぬ》の子《こ》が、之《これ》が」

とどなつた。儒者《じゆしや》の無禮《ぶれい》も畢竟老婆《ひつけうらうば》の故《せい》だ。

註 祖先崇拜は朝鮮の美風である、其の祖先を개자식（犬の子）と稱するは無禮の甚だしきものである、
道袍は通常の禮服に用ゆる袖長く背後の二重さなつた袍、

七八、 七日《か》も眠《ねむ》る下男《げなん》

忠淸道《ちうせいどう》の瑞山《すざん》に住む兩班《ヤンバン》の家《いへ》の下男《げなん》は、年《とし》が三十にもなるのにまだ總角《ちよんがア》であつたが或日《あるひ》、秣《まぐさ》を苅《か》りに山《やま》に行《ゆ》くと、青々《あをあを》として柔《やわらか》い芝草《しばくさ》が如何《いか》にも氣持《きもち》よく生《は》えて居《ゐ》るから暫《しばら》くここで休《やす》もうと、コロリ横《よこ》になつたと思《おも》うと何時《いつ》の間《ま》にか眠《ねむ》つてしまつた。やがて目《め》を覺《さ》まして見《み》ると、日《ひ》は暮《く》れて、空《そら》には星《ほし》がキラキラと輝《かゞや》いて居《ゐ》る。も少《すこ》し寢《ね》て夜《よ》が明《あ》けてから歸《かへ》らうと、又横《またよこ》になつて一寢入《ひとねいり》して目《め》を覺《さ》ますと、未《ま》だ空《そら》には星《ほし》がキラキラと輝《かゞや》いて居《ゐ》る。もう一寢入《ひとねいり》して又起《またお》きて見《み》ると、未《ま》だ空《そら》には星《ほし》がキラキラと輝《かゞや》いて居《ゐ》る。かくすること約《やく》六七回《くわい》に及《およ》んだが何分腹《なにぶんはら》がすいてたまらぬので夜明《よあ》けをまちきれず、星《ほし》の光《ひかり》を踏《ふ》んで主人《しゆじん》の家《うち》に歸《かへ》つて來《き》た。主人《しゆじん》が彼《かれ》を見《み》て、「

「此《こ》の頃《ころ》一向《いつかう》見《み》ねなかつたが何處《どこ》を如何《どう》遊《あそ》んで居《ゐ》たのだい」

と尋《たづ》ねると、

「秣刈《まぐさか》りに行《い》つて餘《あま》り疲《つか》れたものですから、暫《しばら》く山《やま》で寢《ね》て來《き》ました」

と答《こた》える。主人《しゆじん》は、

「暫《しばら》くつてお前《まへ》の暫《しばら》くは一週間《いつしうかん》もかかるのかい、それはそうとお腹《なか》がすいたらう、御飯《ごはん》をおあがり」

と飯《めし》をついでやるとペロリと平《たいら》げ更《さら》に一《いつ》ぱい又一《またいつ》ぱい、約《やく》七八ぱいも大《おほ》きな飯椀《めしわん》で食《く》つた、主人《しゆじん》が曰《いは》く。

「七日《か》も寢《ね》て、七はいも八はいも大飯《おほめし》を食《く》ふお前《まへ》の樣《やう》な者《もの》を使《つか》つて居《ゐ》た日《ひ》には、牛《うし》の仔《こ》まで飢死《うゑじに》するだらう」

註　總角（총각）と云うのは未婚の男子、

七九、わすれつぽい男《をとこ》

極《ご》く忘《わす》れつぽい男《をとこ》が、或《あ》る日《ひ》、道《みち》を歩《ある》いて居《ゐ》ると、急《きう》に便意《べんい》を催《もよほ》して來《き》たので冠《かんむり》の紐《ひも》を解《と》きながら考《かんが》えるには、

「さて此《こ》の冠《かんむり》のしまつだが、無暗《むやみ》にそこらに置《お》いて、用《よう》を足《た》そうものなら、行《ゆ》く時《とき》おれの事《こと》だからきつと忘《わす》れるにきまつて居《ゐ》る、それかと云《い》つて手《て》に握《にぎ》つて糞《くそ》をたれるわけも行《ゆ》かず……はて困《こま》つた事《こと》だ」

と、あたりを見《み》ると目《め》についたのは道《みち》のわきに生《は》ゑて居《ゐ》る一本《いつぽん》の柳《やなぎ》の木《き》だ。男《をとこ》に珍《めづ》らしく面白《おもしろ》い名案《めいあん》が浮《うか》んだ。それは冠《かんむり》を柳《やなぎ》の枝《えだ》に紐《ひも》で結《むす》んで、さげて置《お》き、すぐ其《そ》の下《した》で用《よう》をたしたら、立《た》ち上《あが》る時《とき》必《かなら》ず頭《あたま》に冠《かんむり》があたるからそれで思《おも》い出《だ》せようと云《い》ふのだ。

そこですぐ其《そ》の通《とほ》りやつたが、愈々《いよいよ》用便《ようべん》がすんで、立上《たちあが》ろうとした時《とき》、豫定通《よていどほ》り冠《かんむり》

は彼《かれ》の頭《あたま》にあたつたが、びつくりした彼《かれ》は、

「おやおや、こんな所《ところ》ね冠《かんむり》を忘《わす》れて行《い》つた者《もの》がある」

とつぶやきながら行《ゆ》こうとする拍子《ひやうし》に、たつた今《いま》しがた、自分《じぶん》のたれた糞《くそ》を踏《ふ》みつけた。

「誰《たれ》だい、こんな處《ところ》へ汚《きたな》い糞《くそ》をたれた奴《やつ》は아이고《アイゴ》」

註　朝鮮の風俗では用便の時冠は決して冠らぬ事になつて居る、
아이고は朝鮮語の感嘆詞で悲しみにつけ喜びにつけあらゆる感情の表現となつて居る、

八〇、娘《むすめ》一《いち》ダース

或《あ》る老人《らうじん》が男《をとこ》の子《こ》は一人《ひとり》もなく、女《をんな》の子《こ》だけ十二人《にん》持《も》つて居《ゐ》た。

或《あ》る日《ひ》、幾年《いくねん》振《ぶ》りに友達《ともだち》に遇《あ》い、子供《こども》の數《かず》を問《と》はれて、

「딸《タル》（娘《むすめ》）が五《ご》人《にん》と、계집아해《ケヂプアヘ》（女《をんな》の子《こ》）が五《ご》人《ん》、それに녀식《ニヨシク》（女息）が二人《ふたり》、合《あ》

むせて十二人《にん》さ」

八一、　安岳郡守《あんがくぐんしゆ》の裁判《さいばん》

京城の兩班《ヤンバン》が安岳《あんがく》の郡守《ぐんしゆ》となつて到任《とうにん》して間《ま》もなく訴訟《そせう》があつた。

先《ま》づ原告《げんこく》の申立《まをしたて》を聞《き》いたが、理《り》の當然《とうぜん》なので、

郡守「いや尤《もつと》もなる言《い》い分《ぶん》である」

次《つぎ》に被告《ひこく》の申立《まをしたて》を聞《き》くと、之《これ》また道理《だうり》至極《しごく》なので、

郡守「いや其《そ》の方《はう》の申《まを》す所《ところ》も尤《もつと》もである」

二人《ふたり》に向《むか》つて、

郡守「何《いつ》れも尤《もつと》もなる申《まを》し分《ぶん》、別《べつ》に本官《ほんかん》が取《と》り裁《さば》く程《ほど》の事《こと》も無《な》からう、早々《そう〱》立歸《たちかへ》つてよかろうぞ」

と歸《かへ》してしまつた。

郡守《ぐんしゆ》が家《うち》に歸《かへ》ると夫人《ふじん》が、

「今日《けふ》は御役所《おやくしよ》で何《なん》ぞ變《かは》つた事《こと》はありませんでしたか」

と聞《き》くので訴訟《そせう》の事《こと》を話《はな》すと、

夫人「兩方《れうほう》の云《い》い分《ぶん》を聞《き》いて是非《ぜひ》黒白《こくびやく》を分《わか》つてこそ御役目《おやくめ》と申《まを》すもの、お前《まへ》もよい、そちも尤《もつとも》と左樣《さやう》な朦朧《もうろう》たる裁《さば》き方《かた》を遊《あそ》ばされて、人民《じんみん》は何處《どこ》に訴訟《そせう》の甲斐《かひ》がありましよう」

郡守《ぐんしゆ》が暫《しばら》く考《かんが》えた後《のち》、

「いやそちの云《い》ふ所《どころ》も尤《もつとも》である」

八二、　雄馬《をうま》の産《う》んだ馬《うま》の子《こ》

昔《むかし》、吏房《イバング》と郡守《ぐんしゆ》があつた。吏房《イバング》が度々《たびたび》郡守《ぐんしゆ》を欺《だま》して金《かね》をまきあげては飲《の》んでしまうので、郡守《ぐんしゆ》が殘念《ざんねん》でたまらず、或日《あるひ》のこと吏房《イバング》に向《むか》つて、

「男馬《をとこうま》の生《う》んだ馬《うま》の子《こ》を探《さが》して來《こ》い」

と命《めい》じた。吏房《イバンダ》は郡守《ぐんしゆ》の命《めい》であるから、仕方《しかた》なく、承知《せうち》の旨《むね》を答《こた》えたけれど、さていくら考《かんが》えても男馬《をとこうま》の生《う》んだ馬《うま》の子《こ》が求《もと》められ樣筈《やうはず》がない。

家《うち》に歸《かへ》つたが飯《めし》さへ喉《のど》を通《とほ》らず、ウンウンうなつて居《ゐ》るのを見《み》て息子《むすこ》が譯《わけ》を尋《たづ》ねた。

郡守《ぐんしゆ》の命令《めいれい》を語《かた》ると、

「お父樣《とうさん》、心配《しんぱい》しなくてもいいよ」

と翌《あ》けの日《ひ》、息子《むすこ》が父《ちゝ》に代《かわ》つて郡守《ぐんしゆ》の前《まへ》に出《で》た。すると郡守《ぐんしゆ》は息子《むすこ》に向《むか》い、
郡守「汝《おまへ》の父《おやぢ》は、どうして今日《けふ》見《み》えぬのか」

息子「實《じつ》は郡守樣《ぐんしゆさま》、父奴《おやぢめ》は昨夜《ゆふべ》男馬《をとこうま》の生《う》んだ馬《うま》の子《こ》を探《さが》しに出《で》かけましたが、途中《とちう》で犬《いぬ》の角《つの》にひつかかつて倒《たふ》れ、流産《りうざん》を致《いた》しました」

郡字「何《なに》？　流産《りうざん》？　馬鹿《ばか》め！　男《をとこ》が流産《りうざん》する事《こと》があるか、それに犬《いぬ》の角《つの》とは何事《なにごと》だ、そんなものが何處《どこ》の世界《せかい》にあるんだい」

息子「じやあ郡守様《ぐんしゆさま》にお尋《たづ》ねしますがね、男馬《をとこうま》の生《う》んだ馬《うま》の子《こ》が何處《どこ》の世界《せかい》に御座《ござ》りましようか」

と來《き》たので、流石《さすが》の郡守《ぐんしゆ》とギヤフンとまいつた、콩밭에콩이난다《コングパツテコングイナンダ》（豆畑《まめばたけ》に豆《まめ》が生《はね》る）の類《たぐい》か。

八三、お目出度《ゆでた》き원님《ウオンニム》（郡守）

郡守《ぐんしゆ》か月《つき》の十五日《にち》に着任《ちやくにん》した。折《を》りから皎々《こう〳〵》たる滿月中天《まんげつちうてん》に懸《かゝ》り、中々風情《なか〳〵ふぜい》ある眺《なが》めであつたが、其後幾日《そのごいくにち》ならずして次第《しだい》にかけて暗夜《あんや》となつた。郡守《ぐんしゆ》が吏房《イバング》を呼《よ》んで、

「此《こ》の頃月《ごろつき》がなくなつたので淋《さび》しくてたまらぬ、金《かね》は幾《いく》らでも出《だ》すから其方《そのほう》何處《どこ》からか月《つき》を買《か》つてまいれ」

と千兩《せんれう》の金《かね》を渡《わた》した。

吏房主命《イバンしゆめい》もだし難《がた》く、金《かね》をもらつて家《いへ》に歸《かへ》つたが、さてどうして月《つき》を買《か》うたものやらさつぱり見當《けんたう》がつかぬので、一方《ひとかた》ならず心《こゝろ》を痛《いた》めて居《ゐ》ると、今年《ことし》九つになる娘《むすめ》が出《で》て來《き》て、父《ちゝ》の耳《みゝ》に口《くち》をあてて何事《なにごと》か囁《さゝや》いた。

吏房《イバング》がうなづき幾日《いくにち》かを暢氣《のんき》に過《すご》し、月《つき》の夜《よ》になつてから郡守《ぐんしゆ》の前《まへ》に出《で》て、

「漸《やつや》く買《か》つて參《まゐ》りました」と告《つ》げると、郡守障子《ぐんしゆせうじ》を開《ひら》き空《そら》を仰《あふ》いで、につこり笑《わら》い

「いや大儀《たいぎ》、大儀《たいぎ》」

目出度《めでた》い郡守《ぐんしゆ》もあつたものだ。

八四、下戸《げこ》

僕《ぼく》は酒《さけ》を一《いつ》ぱい飲《の》むともう醉《よ》つぱらつてしまふ。

僕《ぼく》は酒《さけ》の香《かほり》を嗅《か》いだだけでもう醉《よ》つぱらつてしまう。

僕《ぼく》は麥畑《むぎばたけ》を過《す》ぎただけでもう醉《よ》つぱらつてしまう。

僕《ぼく》は君《きみ》の話《はなし》を聞《き》いただけでもう酔《よ》つぱらつてしまう。

八五、煙管《きせる》

田舎《ゐなか》の男《をとこ》が初《はじ》めて京城《けいせう》に出《で》て、町《まち》を歩《ある》いて居《ゐ》ると、擧動怪《きよどうあや》しと見《み》て取《と》つた巡邏軍《じゆんらぐん》に捉《つか》まり、橋《はし》の上《うへ》まで引《ひ》かれて來《き》たが、突然《とつぜん》、『アッ！ しまつた！』と叫《さけ》ぶ、びつくりした巡邏軍《じゆんらぐん》が、『どうした』と聞《き》くと、

田『旦那《だんな》方《がた》、一生《いつせう》食《く》つても殘《のこ》るものを落《おと》しました』

巡邏軍《じゆんらぐん》は、『きつと大《おほ》きな金《きん》の塊《かたまり》でも落《おと》したに違《ちがい》ない』と思《おも》い、一同《いちどう》橋《はし》の下《した》におりて、一生懸命《いつせうけんめい》に探《さが》したけれども、どうしても見《み》あたらぬ、其中《そのうち》に夜《よ》があけてしまつたすると田舎者《ゐなかもの》、橋《はし》の上《うへ》から頓狂《とんきやう》な聲《こゑ》を上《あ》げて、

田『旦那《だんな》方《がた》、ありました、ありました、手《て》に持《も》つて居《ゐ》ました』

巡『どれどれ、何處《ここ》に、何《なん》だ一體《いつたい》』

甲「ナニ煙管《きせる》でさあ」

註　巡羅軍と云うのは町のみはりをする者である、

八六、　任白虎と모란《モラン》（牡丹）

朝鮮《てうせん》で有名《ゆうめい》な文章家《ぶんせうか》の任白虎が平壌《へいぜう》に行《ゆ》くと、平安道《へいあんだう》の監使《かんし》が「모란《モラン》」と呼《よ》ぶ妓生《きいさん》を疏籍《なか》そうとするけれど、彼《か》の女《ぢよ》が監使《かんし》の無學《むかく》を嫌《きら》つて從《したが》わぬとの事《こと》である。白虎が汚《きたな》い風《ふう》をして、모란《モラン》の家《いへ》に行《ゆ》き、板《いた》の間《ま》に臥《ね》て居《ゐ》ると、部屋《へや》の中《なか》で모란《モラン》が詩《し》を作《つく》つて、長《なが》く調子《てうし》をつけて歌《うた》つて居《ゐ》るのが聞《きこ》える。

모란「窓《まど》には白《しろ》し義王《わう》の月《つき》」

任白虎が之《これ》に對作《たいさく》して、

白虎「軒《のき》には淸《きよ》し太古《たいこ》の風《かぜ》」

すると、

모란「衾《しとね》の錦《にしき》誰《たれ》と覆《おう》わん」
白虎「客枕一隅空《きやくのまくらいちぐうむな》し」

八七、　文章大家《ぶんせうたいか》に文章僧《ぶんせうそう》の來訪《らいほう》

學者《がくしや》が表《おもて》に「文章大家《ぶんせうたいか》」と書《か》いた看板《かんばん》をかけ、誰《たれ》とでも文章《ぶんせう》でばかり話《はなし》をして居《ゐ》た或《あ》る日《ひ》、一人《ひとり》の僧《そう》が訪《たづ》ねて來《き》て、
「文章大家《ぶんせうたいか》の御安否《ごあんぴ》を伺《うかゞ》いに參《まゐ》つた、拙僧《せつそう》は文章僧《ぶんせうそう》でござる」と云《い》う。
文章大家《ぶんせうたいか》、例《れい》に依《よ》つて、
大家「僧何《そうなん》の山《やま》より來《きた》る」
僧「金剛表訓寺《こんごうへうくんじ》より來《きた》れり」
大家「昔《むかし》、金剛《こんごう》を見《み》たり、今《いま》は見《み》ず、絶物風景果《ぜつぶつふうけいはた》して如何《いかん》」
僧「連峯《れんぽう》の白石《はくせき》は千年《せんねん》の玉《ぎよく》、萬壑《ばんがく》の丹楓《たんぷう》九月《くがつ》の秋《あき》」

文章大家《ぶんせうたいか》が大《おほ》いに感《かん》じ、

「先《ま》づ先《ま》づ」と上《うへ》に請《せう》すれば、僧《そう》、家《いへ》に上《あが》つて曰《いは》く、

僧「文章大家《ぶんせうたいか》の看板《かんばん》は外《はづ》しなさい」

大家「如何《どう》して」

僧「絶物風景果如何」と云《い》はば「昔見金剛今不見」と云《い》う句《く》は嘘《うそ》になります」

大家「ではどうすればいゝかね」

僧「本當《ほんとう》の文章家《ぶんせうか》なら「昔見金剛今不見絶物風景近如何」とやります」

大家「いや尤《もつと》も、尤《もつと》も」

註 朝鮮の僧は內地と異り、普通人以下に見做されて居る、だから言葉遣なども內地の僧に對する程丁寧でない、

八八、乾柿《ほしがき》の吸物《すいもの》

昔《むかし》、或男《あるをとこ》が市《いち》に出《で》て、一串《ひとくし》の乾柿《ほしがき》を買《か》つて來《き》た。
妻《つま》が之《これ》を吸物《すいもの》にして出《だ》すと、
夫「其《そ》の年《とし》をして、お前《まへ》まだこの料理法《れうりはう》も知《し》らぬのかい」
妻「どうして」
夫「串《くし》にさしたものは炙《あぶ》るのに決《きま》つてるじやないか」
妻「それ位《くらゐ》の事《こと》は私《わたし》だつて知《し》つてますよ、だけどうちは人數《にんず》が多《おほ》いから、えこひいきのない樣《やう》に吸物《すいもの》にしたんですよ」

八九、利《り》巧《こう》な子《こ》供《ども》

孔子《こうし》が馬車《ばしや》に乘《の》つてお出《で》かけになると、道《みち》のまん中《なか》に、小《ちい》さい子供《こども》が砂《すな》で城《しろ》をつくつて居《ゐ》た。下男《げなん》がのけのけとどなると、

「車《くるま》の方《ほう》で城《しろ》をよけるのが當《あた》り前《まへ》だ、城《しろ》が車《くるま》をよける理屈《りくつ》はない」

と云《い》う、車《くるま》の中《なか》で孔子《こうし》がお聞《き》きなつて、
孔子「子供《こども》には珍《めづ》らしくよく理屈《りくつ》を云《い》う奴《やつ》だ」
子供「子供《こども》だつて之位《これくらゐ》の理屈《りくつ》はわかります」
孔子「ではお前《まへ》、天《てん》の事《こと》でもわかるか」
子供「そんな難《むづ》かしい事《こと》が何《ど》うして子供《こども》にわかりますか、目《め》の前《まへ》の事《こと》だつて中々《なか〳〵》わかるものじやありませんからね」
孔子「目《め》の前《まへ》の事《こと》がわからぬとは」
子供「じやあ先生《せんせい》は目《め》の前《まへ》の事《こと》が何《なん》でもおわかりになりますか」
孔子「目《め》の前《まへ》の事《こと》位《ぐらゐ》わかるさ」
子供「では先生《せんせい》、先生《せんせい》の眉毛《まゆげ》は何本《なんぼん》あります」
孔子《こうし》は返事《へんじ》が出來《でき》ず、子供《こども》の利巧《りこう》な事《こと》を大變《たいへん》お褒《ほ》めになつた。
其《そ》の時《とき》此《こ》の子供《こども》の年《とし》が七《なゝ》つであつたと云《い》う。

九〇、癬《たむし》かきの婿殿《むこどの》

昔《むかし》、或《あ》る男《をとこ》が娘《むすめ》を一人《ひとり》持《も》つて居《ゐ》た。年頃《としごろ》になつたので、三國一《さんごくいち》の婿《むこ》もがなと探《さが》して居《ゐ》ると、或《あ》る日《ひ》此《こ》の家《や》に來《き》た一人《ひとり》の総角《チヨンガク》、到底日和見張りして居たが、雨《あめ》の降《ふ》る時《とき》はよく前以《まへもつ》て之《これ》を豫言《よげん》するのに一遍《いつぺん》でもはづれた事《こと》がない。

男「これこそ天下《てんか》の智者《ちしや》、願《ねが》うてもなきよき婿《むこ》がねと、早速婿《さうそくむこ》にしてしまつた。或《あ》る日《ひ》、養父《ちゝ》が、彼《かれ》に家《いへ》の吉凶《きつけう》を尋《たづ》ねると、一向返事《いつかうへんじ》がないばかりか、吉凶禍福《きつけうかふく》の意《い》味《み》すら知《し》らぬ。養父《ちゝ》が呆《あき》れて、

「雨《あめ》の降《ふ》るのをどうしてお前《まへ》は知《し》る事《こと》が出來《でき》るのだ」

とたづねると、婿《むこ》が曰《いは》く、

「實《じつ》は私《わたし》は數年前《すうねんまへ》から癬《たむし》をかいて居《ゐ》まして、雨《あめ》の降《ふ》る前《まへ》にはそれがかゆくてたまり

ませんからわかるのです」

九一、頑《がん》僧《そう》の亂《らん》暴《ばう》

頑僧《がんそう》と云《い》ふ坊主《ばうず》は頑固《がんこ》で、怠《なま》け者《もの》で、酢《す》で煮《に》ても、油《あぶら》であげても食《く》えぬ代者《しろもの》であつた。或《あ》る日《ひ》、夕飯《ゆふはん》の時《とき》、彼《かれ》の姿《すがた》が見《み》えないのを幸《さいはひ》、友達《ともだち》の坊主達《ばうずたち》が相談《さうだん》して、彼《かれ》の分《ぶん》の御飯《ごはん》を床《ゆか》の上《うへ》に撒《ま》き散《ち》らして置《お》いた。

頑僧《がんそう》が歸《かへ》つて此《こ》の樣《さま》を見《み》るや、早速桶《さつそくおけ》に水《みず》を汲《く》んで來《き》て、床上《ゆかのうへ》にぶつかけた。友《とも》の坊主達《ばうずたち》が居《ゐ》たたまらず、室《しつ》の外《そと》え出《で》て頑僧《がんそう》を罵《のゝし》ると、

「飯《めし》に水《みず》をぶつかけたのに何《なん》の不思議《ふしぎ》があるかい、九九八十一だい」

九二、盲《めくら》の疑《ぎ》心《しん》

盲《めくら》が道《みち》で冠《かんむり》を冠《かむ》つたまま糞《くそ》を垂《た》れて居《ゐ》る。

通行《つうこう》の人《ひと》が、

「もし冠《かんむり》をとつてしたらどうです」

と云《い》うとフンと笑《わら》つた盲人《もうじん》、

「冠《かんなり》をとつて置《お》いたら持《も》つて行《ゆ》くつもりだらう」

九三、犬《いぬ》も手《て》紙《がみ》

下男《げなん》が來客《らいきやく》を報《ほう》じた。

恰度《てうど》内房《ないぼう》にあつた主人《しゆじん》、

「今《いま》手紙《てがみ》を書《か》いて居《ゐ》る所《ところ》だから、暫《しば》らく御待《おま》ち下《くだ》さいと云《い》に」

下男《げなん》が表《おもて》に出《で》ると、恰度《てうど》門《もん》のところで犬《いぬ》が交尾《こうび》して居《ゐ》る。下男《げなん》、

「犬迄《いぬまで》が手紙《がみ》を書《か》いて居《ゐ》やがる」

九四、チョンマゲのある坊《ぼん》ち

一寸法師《いつすんぼうし》が當《あた》り前《まへ》の女《をんな》を妻《つま》に持《も》つて居《ゐ》たが、此《こ》の妻《つま》が眼《め》をわづらつてよく物《もの》を見《み》る事《こと》が出來《でき》ない。

或《あ》る朝《あさ》、子供《こども》に小便《せうべん》をさせようと思《おも》ひ、抱《かゝ》へて板《いた》の間《ま》の隅《すみ》から庭《にわ》に向《むか》つて、「シシーシシー」とやつて居《ゐ》る所《とこ》ろへ入《い》つて來《き》たのが酢商人《すあきんど》である。見《み》ると女《をんな》の人《ひと》が小《ちい》さい人《ひと》をかかえて小便《せうべん》をさして居《ゐ》るから、

「もし奥《おく》さん、それはどなたです」

と尋《たづ》ねると、

「うちの坊《ぼん》ちさ」

酢商人《すあきんど》、

「坊《ぼつ》ちやんにどうしてチョンマゲがありますか」

九五、 夫《をつと》の一計《いつけい》妻《つま》の改過《かいくわ》

心《こゝろ》の良《よ》くない嫁《よめ》があつた。

病身《べうしん》の姑《しうとめ》が早《はや》く死《し》んでしまえばいいと毎日《まいにち》非道《ひど》いいぢめ方《かた》をするので、夫《をつと》が心《こゝろ》を痛《いた》め、色々《いろ〳〵》注意《ちうい》するけれども一向《いつかう》聞《き》き入《い》れず、益々《ます〳〵》甚《はなは》しくなるばかりであつた。

そこで夫《をつと》が一計《いつけい》を案《あん》じ、或《あ》る日《ひ》、市場《いちば》に行《い》つて栗《くり》を一升《いつせう》買《か》つて來《き》て、妻《つま》に渡《わた》して云《い》うのには、

「今日《けふ》御醫者《おゐしや》のところへ行《い》つて、お母樣《かあさん》の病氣《べうき》の事《こと》を話《はな》すと、御醫者《おゐしや》の云《い》うのに、毎日《まいにち》栗《くり》を二十か三十づゝ食《た》べさせれば、一升《いつせう》の栗《くり》を皆《みな》食《た》べ切《き》らぬ中《うち》に死《し》んでしまうとの事《こと》だから、歸《かへ》りに買《か》つて來《き》た」

と聞《き》いて嫁《よめ》は大變《たいへん》に喜《よろこ》び、それからは今《いま》までとはうつて變《かは》つて親切《しんせつ》を裝《よそほ》い、毎日《まいにち》二三十個《こ》の栗《くり》を燒《や》いて姑《しうとめ》に食《く》わしたので、姑《しうとめ》、死《し》ぬる事《こと》はさておき、段々《だん〳〵》肉《にく》がついて

大層丈夫《たいそうぢやうぶ》になつて來《き》た。其《そ》の上《うへ》、

「嫁《よめ》が此《こ》の頃《ごろ》は心《こゝろ》を入《い》れ更《か》ねて親切《しんせつ》にして與《く》れるからこんな有難《ありがた》い事《こと》はない」

と、これまた今迄《いまゝで》とはうつて變《かは》つてやさしくなつた。

嫁《よめ》の方《はう》でも、

「こんなやさしいお母《かあ》さんを死《し》なしてなるものか」

と夫《をつと》にこれまでの不都合《ふつごう》を謝《しや》し、

「此上《このうへ》は草《くさ》をわけても不老不死《ふろうふし》の藥《くすり》を探《さが》して來《き》なさい」

と云《い》う始末《しまつ》、夫《をつと》も非常《ひじやう》に喜《よろこ》んで、それから至極圓滿《しごくゑんまん》な家庭《かてい》となつた。

九六、　泣《な》きながらうまいうまい

忠清道《ちうせいどう》の儒者《じゆしや》が、科擧《くわきよ》を受《う》け様《やう》と思《おも》ひ、字《じ》の上手《じやうず》な書記《しよき》を求《もと》めると、或《あ》る男《をとこ》が、私《わたし》こそは古今《こゝん》無類《むるい》の能書《のうしよ》であると云《い》つてやつて來《き》た。

儒者《じゆしや》は大層喜《たいそうよろこ》んで、酒食《しゆしよく》を出《だ》して饗應《けうおう》し、愈々《いよ〱》試驗場《しけんぢやう》に連《つ》れて行《い》つたが、此《こ》の男《をとこ》、元《がん》來字《らいじ》と來《き》てはカラッキリ下手糞《へたくそ》で、只酒食《たゞしゆしよく》の爲《た》め、僞《いつは》り歩《ある》く男《をとこ》であつたから、儒者悲《じゆしやひ》觀《かん》する事夥《ことおびたゞ》しく、

「君《きみ》そんな惡筆《あくひつ》でどうなるんだい」

と云《い》うと、

『いや私《わたし》には妙《めう》な癖《くせ》がありましてね、人《ひと》が上手《ぜうず》だと褒《ほ》めて呉《く》れなければ上手《ぜうず》に書《か》けないのです』

儒者《じゆしや》が泣《な》き聲《こゑ》で、

『いやうまい、うまい、ほんとに上手《ぜうず》だ』

九七、　李家《りけ》の奸策《かんさく》、金夫人《きんふじん》の才智《さいち》

或《あ》る村《むら》に李家《りか》と金家《きんか》とが住《す》んで居《ゐ》た。

金《きん》の妻《つま》が中々《なか〳〵》美人《びじん》だつたから、李《り》が一計《いつけい》を案《あん》じ、或《あ》る日《ひ》、金《きん》を招《まね》いてしたゝか酒《さけ》を飲《の》ました後《のち》、

『金君《きんくん》どうだらう、二人《ふたり》で嘘《うそ》のつき較《くら》べをしようじやないか、そしてもし君《きみ》が勝《か》つたら僕《ぼく》の妻《つま》を君《きみ》が連《つ》れて行《ゆ》き、又僕《またぼく》が勝《か》つたら君《きみ》の妻君《さいくん》を僕《ぼく》が拜借《はいしやく》すると云《い》う事《こと》にしては』

と云《い》われて金《きん》も醉《よ》うた勢《いきほひ》で、

『よし來《き》た』と快諾《かいだく》に及《およ》んだ。

そこで初《はじ》めに李《り》が、

『僕《ぼく》は昨日《きのふ》道《みち》で一本《いつぽん》の針《はり》を拾《ひろ》つたが、それで鎌《かま》と斧《をの》を造《つく》つた』

と云《い》うと金《きん》も負《ま》けぬ氣《き》になり、

『僕《ぼく》は今日《けふ》家《うち》でお粥《かゆ》を食《た》べたが、殘《のこ》りは皆犬《みないぬ》にやつて來《き》た』

「僕《ぼく》の話《はなし》は嘘《うそ》の話《はなし》だが、君《きみ》の話《はなし》は本當《ほんとう》の話《はなし》だ、早速《さつそく》妻君《さいくん》を渡《わた》してもらをう」

と云《い》うと、金《きん》も仕方《しかた》なく、

「では明日《あす》僕《ぼく》の所《ところ》に來《き》て呉《く》れ」

と約束《やくそく》して、其《そ》の日《ひ》は歸《かへ》り、妻《つま》に此《こ》の事《こと》を語《かた》ると、妻《つま》は笑《わら》つて、

「心配《しんぱい》いらないわ、明日《あす》來《き》たら私《わたし》がお話《はな》ししますから」

と其晩《そのばん》は其《そ》のまゝやすんだが、翌《あ》けの日《ひ》、早朝《さうてう》李《り》が訪《たづ》ねて來《き》た。

主人《しゆじん》の代《かは》りに美人《びじん》の妻君《さいくん》が出《で》て來《き》て、留守《るす》だと答《こた》える。

行《ゆ》く先《さき》を問《と》うと、

「三年《さんねん》になる馬《うま》の皮《かは》が秣《まぐさ》が欲《ほ》しいとなくので秣刈《まぐさかり》に行《ゆ》きました」

との返事《へんじ》、

「三年《さんねん》もたつた馬《うま》の皮《かは》がどうして秣《まぐさ》を呉《く》れとなくものか」

と云《い》うと、

「では一本《いつぽん》の針《はり》で鎌《かま》や斧《をの》がどうして出來《でき》ますか」

流石《さすが》の李家《りけ》も一言《いちごん》もなく退却《たいきやく》に及《およ》んだ。

九八、家《いへ》盗《ぬす》人《びと》

江原道《こうげんだう》の淮陽《わいやう》という所《ところ》に一人《ひとり》の農夫《のうふ》があつた。山《やま》の上《うへ》に小《ちい》さな家《いへ》を建《た》てて住《す》んで居《ゐ》たが、赤貧洗《せきひんあら》うが如《ごと》く、家財《かざい》と云《い》つては、家《いへ》に傳《つた》わる大釜《おほがま》の外《ほか》は何《なに》もなかつた。だから此《こ》の釜《かま》を命《いのち》よりも大事《だいじ》に思《おも》い、盗《ぬす》まれはせぬかと云《い》う心配《しんぱい》から、夜《よる》は其中《そのなか》で眠《ねむ》つて居《ゐ》たが、或晩《あるばん》、二人組《にんぐみ》の泥棒《どろばう》がは入《い》り、中《なか》に人《ひと》が居《ゐ》るとも知《し》らず、此《こ》の釜《かま》に縄《なわ》をかけ、かついで逃《に》げて行《い》つたが、餘《あま》りの重《おも》さに道《みち》がはかどらず、途中《とちう》で夜《よ》があけてしまつた。泥棒《どろばう》たちもウンザリして、其《そ》のまゝ釜《かま》を捨《す》てゝ行《い》つてしまつた。あとで目《め》を覺《さ》ました農夫《のうふ》、釜《かま》の中《なか》から出《で》て見《み》ると自分《じぶん》の家《いへ》が見《み》えない。

驚《おどろ》くまい事《こと》が、年甲斐《としがい》もなく大《おほ》きな聲《こゑ》を出《だ》して泣《な》いて居《ゐ》る所《ところ》に通《とほ》りかゝつた一人《ひとり》の男《をとこ》が其《その》わけを尋《たづ》ねる。

「私《わたし》は生《うま》れついての貧乏《びんぼう》で財産《ざいさん》と云《い》つては、家《いへ》と此《こ》の釜一《かまひと》つしかなかつたのに、昨《ゆふ》夜《べ》泥棒《どろばう》に家《いへ》を盗《ぬす》んで行《ゆ》かれました」

との答《こた》え、驚《おどろ》いたかの男《をとこ》はあわてて、自分《じぶん》の家《うち》に歸《かへ》り、バタバタと家《いへ》の表戸《おもてど》を締《し》めたり、窓《まど》を釘《くぎ》づけにしたりするから妻君《さいくん》がびつくりして、

「どうなすつたの」ときくと、

「いや物騒物騒《ぶつそうぶつそう》、此《こ》の頃《ごろ》家《いへ》をぬすむ泥棒《どろばう》が居《ゐ》るさうだ」

九九、鼠《ねずみ》と驢《ろ》馬《ば》

昔《むかし》、大《おほ》きな鼠《ねずみ》が小《ちい》さな驢馬《ろば》を嘲弄《てうろう》して、

「君《きみ》は僕《ぼく》より小《ちい》さいね」

と云《い》つた。驢馬《ろば》が怒《おこ》つて爭《あらそ》つたが、遂《つい》に役所《やくしよ》に訴《うつた》ゐることになつた。

裁判官《さいばんかん》は之《これ》を公開裁判《こうかいさいばん》に附《ふ》し、人々《ひと〻》に二者《しや》の大小《だいせう》を質《たゞ》した。人々《ひと〻》は先《ま》づ鼠《ねずみ》の方《ほう》を見《み》て
「いや大《おほ》きな鼠《ねずみ》だ、まるで驢馬《ろば》みたいだ」

と云《い》う。次《つぎ》に驢馬《ろば》を見《み》て、

「小《ちい》さい驢馬《ろば》も居《を》つたものだ、鼠《ねずみ》みたいじやないか」

と云《い》う。如何《いか》に驢馬《ろば》が小《ちい》さいからとて、鼠《ねずみ》よりも大《おほ》きい筈《はず》だが衆口《しうこう》は恐《おそ》ろしいものだ
遂《つい》に驢馬《ろば》の敗《はい》に歸《き》した。

衆口難防《ひうこうふせぎがたし》。

一〇〇、豚《ぶた》の覺悟《かくご》

孫同知《そんどんくち》の家《いへ》で婚禮《こんれい》の宴《さかもり》が擧《あ》げられる事《こと》になつた。

同家《ごうけ》の家畜類《かちくるい》が牛《うし》を會長《かいてう》として、特別臨時大會《とくべつりんじたいかい》を開《ひら》くことになつた。

先《ま》づ會長《かいてう》の牛《うし》が、

牛「今度《こんど》、當家《とうけ》のお孃様《ぞうさま》が結婚式《けつこんしき》を擧《あ》げられる事《こと》になつたのに就《つい》ては、我等《われら》の中《うち》、誰《たれ》か一人《ひとり》殺《ころ》されねばなるまいと思《おも》う、だが、俺《われ》は、皆《みな》も知《し》る通《とほ》り、此《こ》の家《や》にとつては耕《かう》作《さく》をするのに、無《な》くてならぬ必要《ひつえう》なものだから、萬萬《ばんく》殺《ころ》される様《やう》な事《こと》はなからうと思《おも》う」

と云《い》うと次《つぎ》に驢馬《ろば》が、

「自分《じぶん》は平常《へいぜい》當家《とうけ》の御主人《ごしゆじん》を乘《の》せる役目《やくめ》をうけたまわつて居《ゐ》る、其《そ》の上《うへ》、結婚式《けつこんしき》の當日《とうじつ》だつて、後《あと》について行《ゆ》く人《ひと》を乘《の》せて行《ゆ》かねばならぬ筈《はず》だから、自分《じぶん》が殺《や》られる様《やう》は事《こと》はめつたになからうと思《おも》う」

犬「僕《ぼく》は、毎晩夜《まいばんよ》の目《め》も寢《ね》ずに泥棒《どろばう》の番《ばん》をして居《ゐ》るのだから、僕《ぼく》が犧牲《ぎせい》になるなんて事《こと》は決《けつ》してあるまい」

猫「我輩《わがはい》は、風雨《ふうゝ》寒暑《かんしよ》を厭《いと》う事《こと》なく、四方《しはう》をかけ廻《まわ》つて穀物《こくもつ》に害《がい》をなす憎《にく》むべき鼠《ねずみ》どもを退治《たいぢ》する重任《ぢうにん》を帯《お》びて居《ゐ》る以上《いじやう》、我輩《わがはい》が殺《こう》される樣《やう》な事《こと》は萬々《ばんばん》ないと信《しん》ずる」
鷄「私《わたし》は、皆《みな》が寢靜《ねしづま》つて居《ゐ》る時《とき》でも、起《お》きてキチンと時刻《じこく》を告《つ》げて居《ゐ》るから、メッタにしめられる氣遣《きづかい》はない」
こう皆《みな》の家畜《かちく》たちが各自《かくじ》、自巳《じこ》の擔當《たんとう》して居《ゐ》る職分《しよくぶん》を以《も》つて辯明《べんめい》して居《ゐ》る中《なか》に只一匹《たゞいつぴき》豚《ぶた》ばかりが默《だま》つて居《ゐ》るのを見《み》た會長《かいてう》の牛《うし》が、
「君《きみ》はどうして默《だま》つて居《ゐ》るんだい」
と尋《たづ》ねると、豚《ぶた》は目《め》をパチパチさせながら、
「殺《ころ》されるのは大力《おほかた》俺《おれ》だらう」

一〇一、狐《きつね》と狸《たぬき》

二人《ふたり》の男《をとこ》が道《みち》を歩《ある》いて居《ゐ》たら金《きん》の塊《かたまり》を一《ひと》つ拾《ひろ》つた。二人《ふたり》の所有《もの》と云《い》ふ事《こと》にして、とある宿屋《やどや》には入《じ》つたが、お互《たがひ》に、相手《あひて》が寢《ね》たら、自分《じぶん》がとつて逃《に》げようと云《い》ふ考《かんが》へ

で、金《きん》の塊《かたまり》は上《うへ》の室《へや》に置《お》き、自分達《じぶんたち》は下《した》の室《へや》にそ知《し》らぬ顔《かほ》で床《とこ》についた。暫《しば》らく狸寝入《たぬきねいり》をして居《ゐ》たが、其《そ》の中《うち》の一人《ひとり》、寝《ね》ぐるしい様《やう》な振《ふ》りをして、高《たか》い鼾《いびき》をかきながらコロコロと上《うへ》の室《へや》に轉《ころが》つて行《ゆ》き、金塊《きんかい》をとろうとするのを見《み》た今一人《いまひとり》の男《をとこ》、取《と》られては大變《たいへん》と、

「おい君《きみ》は鼾《いびき》をかきながら歩《ある》くのかい」

と叫《さけ》ぶと相手《あひて》の男《をとこ》。

「君《きみ》は目《め》を開《あ》けて寝《ね》るのかい」

一〇二、妻君《さいくん》の迷惑《めいわく》

凶年《けうねん》で困《こま》つた男《をとこ》が、市場《いちば》に行《ゆ》くと、或人《あるひと》がおいしそうに餅《もち》を食《た》べて居《ゐ》る。男《をとこ》は唾《つば》を飲《の》み、涎《よだれ》を流《なが》しながら、側《そば》で見《み》て居《ゐ》たが、

「もし팟고물《パツコムル》（小豆《あづき》でつくつたもので餅《もち》につけてたべる）が落《お》ちましたよ」

と云《い》えば餅《もち》を食《く》つて居《ゐ》た人《ひと》、いきなり男《をとこ》の頬《ほ》つぺたを厭《いや》と云《い》う程《ほど》なぐりつけ、
『俺《おれ》の餅《もち》の팟고물《パツコムル》が落《お》ちようが、落《お》ちまいが、貴様《きさま》に何《なん》の關係《かんけい》があるんだい』
とさなつた。男《をとこ》、早速家《さつそくいへ》に歸《かへ》り、妻君《さいくん》に向《むか》い、
『おい餅《もち》だ、餅《もち》だ、餅《もち》をついて食《く》わして吳《く》れ』
妻君《ちいくん》がやつと餅《もち》を搗《つ》いて팟고물《パツコムル》をつけて出《だ》すと、
『おい팟고물《パツコムル》が落《お》ちたと云《い》うんだ』
妻君《さいくん》がその通《とほ》り云《い》うと男《をとこ》が彼《か》の女《ぢよ》の頬《ほ》つぺたを厭《いや》と云《い》う程《ほど》なぐりつけ、
『俺《おれ》の餅《もち》の팟고물《パツコムル》が落《お》ちようが落《お》ちまいか貴様《きさま》に何《なん》の關係《かんけい》があるんだい』

一〇三、방갓《パンゲカツ》を冠《かむ》つた犬《いぬ》をたづねる喪中《もちう》の男《をとこ》

喪中《もちう》の男《をとこ》が道《みち》を歩《ある》いて居《ゐ》ると、急《きう》に便意《べんい》を催《もよほ》して來《き》た。そこで頭《あたま》に冠《かむ》つて居《ゐ》た방갓《パンゲカツ》をとつて前《まへ》をかくして道糞《みちくそ》をたれて居《ゐ》る所《ところ》に、何處《どこ》からか一匹《いつぴき》の犬《いぬ》が現《あら》われ、後《うしろ》に廻《まわ》

つて尻《しり》をしきりになめる、氣持《きもち》の惡《わる》い事夥《おびただ》しいので、尻《しり》を上《あ》げたり下《さ》げたりして追《お》うと、犬《いぬ》は前《まへ》にぬけ樣《やう》をして、首《くび》を방갓《パンダカツ》にひつかけたまゝ、とんで行《い》つてしまつた。男《をとこ》はバッチを兩手《りやうて》でひきあげ、ひきあげ、息《いき》をきらして追《お》つかけたが、何處《どこ》へ行《い》つたかさつぱりわからぬ、そこで會《あ》う人每《ひとごと》に、

「今《いま》、방갓《パンダカツ》を冠《かぶ》つた犬《いぬ》の逃《に》げるのを見《み》なかつたか」

と聞《き》いた。人々《ひとびと》が其《そ》の樣子《やうす》を見《み》て、きつと氣違《きちがひ》にちがいないと囁《さゝや》いた。

註　방갓は喪中の人が冠る冠物で內地の虛無僧の帽子によく似て居る、

一〇四、　隣家《りんか》の夫婦《ふうふ》喧嘩《けんくわ》

前《まへ》の家《うち》で飯時《めしどき》になるときまつて夫婦《ふうふ》がやがましく爭《あらそ》う聲《こゑ》が聞《きこ》ゆるので、後《うしろ》の家《いへ》の人《ひと》が、或《あ》る時《とき》、そつと覗《のぞ》いて見《み》ると、乾鰵魚《ほしにべ》を一匹《いつぴき》壁《かべ》に懸《か》けて、飯《めし》を一匙《ひとさじ》食《た》べてはそちらを見《み》、又《また》食《た》べては見《み》て居《ゐ》るが、妻君《さいくん》が一遍《いつぺん》ではもの足《た》りないと云《い》つて、一匙《ひとさじ》の飯《めし》を

食《た》べるのに二邊《へん》も見《み》たのが不經濟《ふけいざい》だと、さては喧嘩《けんくわ》が起《おこ》つたのである。

一〇五、材木屋《ざいもくや》に嫁入《よめい》つた魚屋《さかなや》の娘《むすめ》

魚賣《さかなうり》の娘《むすめ》が材木屋《さいもくや》の息子《むすこ》に嫁《とつ》いだ。材木屋《さいもくや》では朝晩《あさばん》の御飯《ごはん》を木《き》の切端《コツパ》で炊《た》くことになつて居《ゐ》る。恰度《てうど》結婚後《けつこんご》三日目《みつかめ》のこと、花嫁《はなよめ》が飯《めし》を炊《た》こうとして竈《かまど》の下《した》に火《ひ》を入《い》れたが、木端《コツパ》が大《おほ》き過《す》ぎて中々燃《も》えつかないので、切《しき》りにプープー吹《ふ》いて居《ゐ》ると、姑《しうとめ》がそばから、

『자귀밥《チヤコイパ》은세《ソンセ》워새《ウオナ》여《ヨ》라《ラ》（木端《コツパ》は立《た》てゝ燃《も》しな）』

はいと答《こた》へて花嫁《はなよめ》が、

「ヒトツヒトツ、フタツフタツ、三ツ三ツ、ヨツツヨツツ、イツツイツツ……

……」

と數《かぞ》え初《はじ》めた。姑《しうとめ》が膽《きも》をつぶし、

「まあ〜家の運のいゝ事、御飯《ごはん》を炊くのと餅をつくのと同じた」

註　세워라と云ふ言葉は（立てよ）と（敷けよ）と云う二つの意味を持つて居る、そこでこうした笑話が出來たのである、

一〇六、　座《すわ》れば丑生員《うしせんぐあん》

尹生員《ゐんせんぐあん》が友人《ゆうじん》を訪問《ほうもん》したら、あいにく留守《るす》であつた。暫《しば》らく待《ま》つても歸《かへ》りがないので、恰度其處《ちやうどそこ》に居《ゐ》た七八歳《さい》の子供《こども》に、「お父《とう》さんがお歸《かへ》りになつたら、西面《せいめん》の尹生員《ゐんせんぐあん》がお訪《たづ》ねしたと云《い》つて呉《く》れ」と云《い》うと、子供《こども》は生員《せんぐあん》の顔《かほ》をじつと見《み》て居《ゐ》たが、「西面《せいめん》の伊生員《ゐんせんぐあん》なら座《すわ》れば丑生員《うしせんぐあん》ですね」

註　尹、丑の字形の相違からの思いつきである、人間を音類にしてしまう事は朝鮮の悪口に非常に多く用いられる、

一〇七、永平郡守牛盗人《えいへいぐんしゅうしぬすびと》を捕《とら》う

昔《むかし》、永平《えいへい》の郡守《ぐんしゅ》が東向《ひがしむき》の窓《まど》に座《すわ》つて居《い》る所《ところ》え、一人《ひとり》の男《をとこ》が訴《うつた》ねて出《で》た。

「牛《うし》を賣《う》らうと思《おも》いまして、金化《きんか》の邑内《ゆうない》に行《ゆ》きましたが、廐《うまや》につないでお午飯《ひる》を食《く》つてる間《あひだ》に盗《と》られました」

永年《えいへい》の郡守《ぐんしゅ》は仔細《しさい》を聞《き》いた後《のち》、金化《きんか》の郡守《ぐんしゅ》のところに行《ゆ》き、饑《ひ》じそうな樣《よう》をして、牛《ぎう》肉《にく》と酒《さけ》を所望《しょもう》すると、金化《きんか》の郡守《ぐんしゅ》は、すぐ役人《やくにん》に命《めい》じて酒肉《しゅにく》をどつさり運《はこ》ばせた。

永平《えいへい》の郡守《ぐんしゅ》が下役人《したやくにん》を捉《とら》え、

「この牛肉《ぎうにく》は牛疫《ぎうえき》にかゝつた牛《うし》を殺《ころ》したのだな」

となると、役人共《やくにんども》は、

「どう致《いた》しまして」と色々《いろ〳〵》辯解《べんかい》する。

「では此《こ》の牛《うし》の皮《かは》があろうから持《も》つて來《こ》い」

と段々《だん〳〵》調《しら》べて見《み》たら、果《はた》してそれが盗《ぬす》まれた牛《うし》であつたから、すぐに盗人《ぬすびと》を捕《とら》へ笞刑《ちけい》に處《しよ》した上《うへ》、被害者《ひがいしや》に辨償《べんしよう》さした。

一〇八、名官《めいくわん》

狩人《かりうど》が秘藏《ひざう》の鷹《たか》を失《うしな》つた。之《これ》を拾《ひろ》つた男《をとこ》との間《あひだ》に爭《あらそひ》が起《おこ》り、遂《つひ》に役所《やくしよ》に訴《うつた》へる事《こと》になつた。一人《ひとり》は自分《じぶん》の失《うしな》つた鷹《たか》であると主張《しゆちやう》し、一人《ひとり》は前《まへ》から自分《じぶん》の持《も》つて居《ゐ》た鷹《たか》であるとがんばる。郡守《ぐんしゆ》が、

「汝等兩人《なんぢられうにん》、各々自分《おの〳〵じぶん》のものと固執《こしつ》する上《うへ》はやむを得《え》ぬ、兩人互《れうにんたがひ》に引《ひ》つ張《ぱ》つて鷹《たか》を引《ひ》き裂《さ》き、其上《そのうへ》で分《わ》けたらよからう」

と云《い》うと、一人《ひとり》は早速鷹《さつそくたか》の片足《かたあし》を握《にぎ》り、今一人《いまひとり》は引《ひ》き裂《さ》くに忍《しの》びぬとあとに退《しりぞ》いた。郡守直《ぐんしゆただ》ちに前者《ぜんしや》に笞《むち》を與《あた》へ、後者《かうしや》に鷹《たか》を與《あた》へたと云《い》う、中々名官《なか〳〵めいくわん》である。

一〇九、先生《せんせい》のぬか喜《よろこ》び

赤貧洗《せきひんあら》うが如《ごと》き先生《せんせい》、五人《ごにん》の生徒《せいと》をもつて本《ほん》を敎《をし》えて居《ゐ》たが、前《まへ》の家《うち》が鍛冶屋《かぢや》で後《うしろ》の家《うち》が指物師《さしものし》と來《き》て居《ゐ》るから、カッチンカッチンの音《おと》と、トントンガタガタの音《おと》の絶《た》ゑる事《こう》がなく、爲《た》めに本《ほん》もよく敎《をし》ゑられず、夜《よ》も碌々寢《ろくくね》られない。

先生常《せんせいつね》に之《これ》を苦《く》にやみ、

「早《はや》くあいつらがひつこして呉《く》れればいゝがなあ」とそればかり待《ま》つて居《ゐ》ると、或《あ》る日《ひ》のこと後《うしろ》の指物師《さしものし》がやつて來《き》て、

「今度他《こんどよそ》えひつこすことになりました」という。

まもなく今度《こんど》は前《まへ》の鍛冶屋《かぢや》がやつて來《き》て、

「私《わたし》も今度《こんど》わきゑひつこす事《こと》になりました」と云《い》う。

先生《せんせい》、喜《よろこ》んだの喜《よろこ》ばぬじやない。

「愈々《いよ〳〵》おれも運《うん》が向《む》いて來《き》た、これからは、耳《みゝ》の痛《いた》い思《おも》いをせずに、子供《こども》らも敎《をし》えられるし、夜《よる》もよく寢《ね》られると云《い》うものだ」

と嬉《うれ》しさに酒肴《しゆこう》を取《と》り寄《よ》せ、鍛冶屋《かぢや》をもてなした後《のち》、

「時《とき》に鍛冶屋《かぢや》、お前《まへ》のひつこし先《さき》つてのはどこだい」

と聞《き》くと、鍛冶屋《かぢや》、

「いね餘《あま》り遠方《えんぱう》でもありません、お宅《たく》の後《うしろ》の指物師《さしものし》と入《い》れかわる事《こと》になりましたので………」

先生《せんせい》聞《き》いて、

「ぢやあ矢張《やつぱ》り同《おな》じじやないか、それと知《し》つたら今朝《けさ》とつたばかりの大事《だいじ》な謝金《しやきん》を使《つか》うんじやなかつたに」

一一〇、　便所《べんじよ》には入《い》つて動《うご》かぬ男《をとこ》

或《あ》る男《をとこ》が道《みち》を歩《ある》いて居《ゐ》たら、急《きう》に便意《べんい》を催《もよほ》して來《き》た。あたりに物蔭《ものかげ》らしいところもなし、苦《くる》しまぎれに手近《てちか》の家《いへ》にとび込《こ》んだが、あいにく小《ちい》さい家《いへ》で、客間《きやくま》づきの便所《べんじよ》がない、中間《なかがん》のところに立《た》つて이리오나라《イリオナラ》（頼《たの》もう）と云《い》うと、下女《げちよ》が出《で》て來《き》た。

「實《じつ》は糞《くそ》が放《ひ》りたくて困《こま》つて居《ゐ》る、此《こ》の二兩《にれう》の金《かね》を借《か》り賃《ちん》にやるから、暫時《ざんじ》、便所《べんじよ》を貸《か》して呉《く》れ」

と渡《わた》した二兩《にれう》を下女《げちよ》は持《も》つて奥《おく》には入《い》り妻君《さいくん》に見《み》せると、金《かね》に心《こゝろ》を動《うご》かした妻名《さいくん》、とうとう男《をとこ》を中《なか》に入《い》れ、家人《かじん》の使《つか》ふ便所《べんじよ》を貸《か》してやつた。然《しか》るに、いつまでたつても彼《か》の男《をとこ》が出《で》て來《こ》ないので、今《いま》にも夫《をつと》が歸《かへ》りはせぬかと氣《き》をもむ妻君《さいくん》がたまりかね、

「もう出《で》て下《くだ》さい」と下女《げちよ》に云《い》わせると男《をとこ》は、

「俺《おれ》は二兩《にれう》の金《かね》で此《こ》の便所《べんじよ》を借《か》りたんだから、同額《どうがく》の金《かね》で借《か》りる人《ひと》が來《く》る迄《まで》は、一《いつ》寸《すん》だつて動《うご》くわけには行《ゆ》かない」

と、うそぶいて居《ゐ》る。妻君《さいくん》肝《き》をつぶし、早速《さつそく》二兩《にれう》の金《かね》を戻《もど》して、

「さあ早《はや》く出《で》て下《くだ》さい」

一一、 水《みず》の深《しん》淺《せん》

梅雨時《つゆどき》の川《かは》を渡《わた》つて來《き》た男《をとこ》に、今渡《いまわた》ろうとする男《をとこ》が尋《たづ》ねた、

「どうだ水《みず》は深《ふか》いかね、淺《あさ》いかね」

「知《し》らん」

「水《みず》は渡《わた》つてこそわかると云《い》う諺《ことわざ》があるが、わからぬかね」

「戯談《ぞうだん》云つちやいけない、おれの渡《わた》つた水《みず》はもう千里《せんり》萬里《まんり》の向《むか》うに行《い》つて居《ゐ》る、今《いま》流《なが》れて居《ゐ》る水《みず》の深《ふか》さがわかつてたまるものか」

一二、 諸葛亮《しよかつりよう》でも仕方《しかた》がない

嫉妬《しつと》深《ぶか》い妻《つま》の爲《た》めに、夫《をつと》が別室《べつしつ》に閉《と》ぢこめられ、數日《すうじつ》出《で》る事《こと》が出來《でき》なくて困《こま》つて居《ゐ》

た、婿《むこ》がそつと窓《まど》の隙《すき》から窺《うかゞ》うと、中《なか》で、

「こう閉《と》ぢこめられては諸葛亮《しよかつりよう》でも仕方《しかた》がない」

と獨語《どくご》して居《ゐ》る。婿《むこ》が曰《いは》く、

「諸葛亮《しよかつりよう》なら初《はじめ》からは入《い》りやしません」

一一三、珍《ちん》なる判決《はんけつ》

昔《むかし》、或《あ》る男《をとこ》が秘藏《ひざう》の鷹《たか》を失《うしな》つたので此《こ》の旨《むね》を郡守《ぐんしゆ》に訴《うつた》へて出《で》ると郡守《ぐんしゆ》の判決《はんけつ》に曰《いは》く

「青山《せいざん》の物《もの》を、青山《せいざん》に得《え》て、青山《せいざん》に失《うしな》う、青山《せいざん》に行《ゆ》きて、青山《せいざん》に問《と》ひ、青山《せいざん》答《こた》へずんば青山《せいざん》を捉《とら》へ來《きた》れ」

一一四、下男夫婦《げなんふうふ》の取計《とりはからい》

或《あ》る両班《ヤングバン》の家《いへ》に三月《さむうをる》と云《い》う下女《げぢよ》があつたが、天下《てんか》の美形《びけい》で其上操《そのうへみさを》の正《たゞ》しい女《をんな》であつ

たから、此《こ》の家《や》の客間《きやくま》に寄宿《きしゆく》して居《ゐ》る多《おほ》くの両班等《ヤンダバンたち》が、何《いつ》れも彼女《かのぢよ》に心《こゝろ》を寄《よ》せ、どうかして自分《じぶん》の手《て》に入《い》れようと思《おも》ひ、寄《よ》るとさわるとおかしなそぶりをするが利口《りこう》な三月《さむうをる》は、いつも風《かぜ》に柳《やなぎ》の筆法《ひつぽう》でたくみに受《う》け流《なが》して、色《いろ》よい返事《へんじ》をして呉《く》れない。然《しか》るに珍《めづ》らしくも或《あ》る日《ひ》、三月《さむうをる》が両班《ヤンダバン》たちに一人《ひとり》一人《ひとり》あつて、今夜《こんや》の何時《なんじ》にいらつしやいと約束《やくそく》したので両班《ヤンダバン》たちは何《いつ》れも今宵《こよひ》こそ日頃《ひごろ》の望《のぞ》みが叶《かな》えられるとホクホクもので云《いつ》いた時刻《じこく》に行廊(下人部屋)に忍《しの》んで行《い》つた。三月《さむうをる》は部屋《へや》の燈火《あかり》をフッと消《け》し、戸《と》を開《ひら》いて第一番目《だいいちばんめ》の両班《ヤングバン》を入《い》れ、部屋《へや》の一隅《いちぐう》にしばらくと立《た》たして置《お》いた。こうして順《じゆん》順《じゆん》に東西南北《とうざいなんぼく》の四隅《よすみ》に立《た》たして居《ゐ》る所《ところ》え、エヘンとせきばらいをして夫《をつと》が歸《かへ》つて來《き》た

『おい燈《あかり》を消《け》してどうしたんだい』

と云《い》うと女《をんな》は聲《こゑ》をひそめ、

『もしお前《まへ》さん、靜《しつ》かになさい大變《たいへん》なんだよ、今《いま》ね客間《きやくま》の旦那方《だんながた》が博奕《ばくち》をうつて居《ゐ》らつしやる所《ところ》ね、禁亂吏《りやく》令《にん》が見《み》えたので、逃《に》げて居《ゐ》らつしやつたから、こちらの室《しつ》に

かくしてあげたんだよ」

と答《こた》える。夫《おつこ》が驚《おどろ》いた風《ふう》をして火《ひ》を點《つ》けて見《み》ると、果《はた》して四人《よにん》が室《へや》の四隅《よすみ》に立《た》つて居《ゐ》るから、

「まあ旦那《だんな》方《がた》、大變《たいへん》でしたね、役人《やくにん》は大抵《たいてい》行《い》つてしまつた樣《やう》ですが、博奕《ばくち》なんかあんまりよくありませんぜ」

と云《い》われて兩班《サンパン》たち、夫婦《ふうふ》のりつばなはからいに感心《かんしん》し、其《そ》の後《のち》は人《ひと》の妻君《さいくん》なんて、話《はなし》を聞《き》いても一里《いちり》ばかりかけ出《だ》したと云《い》う。

一二五、　餅《もち》好《ずき》の夫《ふう》婦《ふ》

餅好《もちずき》の夫婦《ふうふ》が三箇《みつゝ》の餅《もち》を貰《もら》つて一《ひと》つづつ食《た》べたが、殘《のこ》りの一《ひと》つを半分《はんぶん》づつ分《わ》けるの面白《おもしろ》くないから、無言《むごん》の賭《かけ》をやつて勝《か》つた者《もの》が食《た》べる事《こと》にしようと相談《さうだん》がきまり、ま中に餅《もち》を置《お》いて、無言《むごん》のまま二人《ふたり》が顏《かほ》を見合《みあ》わして居《ゐ》る所《ところ》ね、泥棒《どろぼう》がは入《い》つて來《き》た

しかし夫《をつと》も無言《むごん》、妻《つま》も無言《むごん》なので、泥棒先生《どろぼうせんせい》、きつとこわくて聲《こゑ》が出《で》ぬのだろうと思《おも》い、衣裳什物《いしやうじふぶつ》、其他《そのた》、金《かね》めのものを纏《まと》めて悠々《いういう》と立《た》ち去《さ》ろうとする。之《これ》を見《み》た妻君《さいくん》とうとう辛抱《しんぼう》し兼《か》ねて、「泥棒《どろぼう》」と叫《さけ》んだ。夫《をつと》が笑《わら》つて、

「餅《もち》は俺《おれ》の物《もの》だぞ」

一一六、敎育《けういく》の力《ちから》

或《あ》る片田舍《かたゐなか》に兄弟《けうだい》の農夫《のうふ》があつた。一匹《いつぴき》の仔牛《こうし》を飼《か》つて居《ゐ》たが、畑《はた》を耕《たがや》す時《とき》はいつも兄《あに》が前《まへ》に立《た》つて此《こ》の仔牛《こうし》を引《ひ》つぱり、弟《おとゝ》があとについて追《お》つた。弟《おとゝ》は、然《しか》し兄《にい》さんが前《まへ》に居《ゐ》るので當《あた》り前《まへ》に「이라이라《イライラ》（牛馬《ぎうば》を追《お》う時《とき》の掛《か》け聲《ごゑ》）」とも云《い》わず、「兄《にい》さんこちらですよ、あつちえいらつしやい」と云《い》つて居《ゐ》たが、何時《いつ》の間《ま》にか牛《うし》の耳《みゝ》にはそれが聞《き》き慣《な》らされて居《ゐ》た。其《そ》の後《のち》、弟《おとゝ》が一人《ひとり》で牛《うし》を使《つか》う事《こと》になつたが、どんなに「이라이라《イライラ》」と云《い》つても牛《うし》は身動《みうご》きだにしない。弟《おとゝ》が暫《しばら》く考《かんが》ねた後《のち》

「兄《にい》さんこちらだよ」と云《い》うと、牛《うし》は温《おとな》しく其《そ》の通《とほ》りに行《い》つた。

通《とほ》りかかつた人々《ひとびと》が此《こ》の様子《やうす》を見《み》て、

「おいあの男《をとこ》は牛《うし》の弟《おとうと》らしいぜ」

一七、ずるい駕籠屋《かごや》

年《とし》を取《と》つ[illegible]何《いつ》も
駕籠《かご》で出《で》たが、[illegible]二人《ふたり》の[illegible]出《だ》して来《こ》
いと命《めい》じた。駕籠屋《かごや》は、
「私共《わたしども》は駕籠《かご》をかつぐのが本職《ほんしよく》で、犬《いぬ》の子《こ》を探《さが》す爲《た》めには雇《やと》われません」
とにげる、老人《らうじん》、
「ではおれが探《さが》すから、駕籠《かご》の用意《ようい》をせよ」
と云《い》われて二人《ふたり》、主人《しゆじん》をのせてかついで行《い》くよりは、素手《すで》で行《い》つた方《ほう》がいいから、

『いや私共《わたしども》が探《さが》してまいります』

二八、　子供《こども》にやられる碌《ろく》でなし

碌《ろく》でもない男《をとこ》が、あちらこちら見物《けんぶつ》して居《ゐ》ると、小《ちい》さい子供《こども》が溝《みぞ》のそばで砂《すな》をもつて遊《あそ》んで居《ゐ》る。男《をとこ》が子供《こども》に、

『こら坊《ぼん》、お前《まへ》の母《かあ》ちやんが俺《おれ》の評《うわさ》をして居《ゐ》なかつたか』

と云《い》ふと、

『そうそう、孫《まご》の奴《やつ》、此《こ》の頃《ごろ》一向《いつかう》見《み》えぬがどうしたんだろうと毎日《まいにち》評《うわさ》して居《ゐ》るよ』

との返事《へんじ》、碌《ろく》でもない男《をとこ》、反《かへ》つて子供《こども》の爲《た》めに耻《はぢ》をかかされたものだから、大《おほ》いに立腹《りつぷく》し、子供《こども》の頭《あたま》を二《ふた》つ三《み》つなぐると、子供《こども》が笑《わら》つて云《い》うのに、

『幾《いく》ら叩《たゝ》いたつて恐《こわ》くないよ、其《そ》の代《かは》り両方《れうはう》の手《て》で両方《れうはう》の目蓋《まぶた》をひつくり返《かへ》したら恐《こわ》いよ』

男《をとこ》が其《そ》の通《とほ》りすると、突然《いきなり》、両手《りやうて》で砂《すな》を握《にぎ》つた少年《せうねん》、ひつくり返《かへ》した男《をとこ》の目《め》の中《なか》に、厭《いや》と云《い》う程《ほど》放《はふ》り投《な》げて、逃《に》げてしまつた。子供《こども》だとて中々《なか〳〵》馬鹿《ばか》には出來《でき》ぬものだ。

一一九、拳骨《げんこつ》の持主《もちぬし》

梨《なし》の木《き》が、塀《へい》を越《こ》ゑて隣《となり》り邸《やしき》に枝《えだ》を出《だ》して居《ゐ》たのを、毎年《まいとし》隣《となり》の人《ひと》がちぎつて食《た》べるのを奮慨《ふんがい》した此《こ》の屋《や》の子供《こども》、或《あ》る年、隣家《りんか》に行《い》つて、いきなり貼《は》りたての新《あた》らしい窓《まど》障子《しやうじ》からグツと拳《こぶし》をつき入《い》れ、

「このげんこは誰《たれ》のげんこですか」

と云《い》うと主人《しゆじん》が大《おほ》いに怒り、

主「貴様《きさま》のでなくて誰《たれ》のだい」

子「では人《ひと》の家《うち》の木《き》になつた梨《なし》を食《く》わぬ様《やう》にしてもらをう」

主人《しゆじん》が此《こ》の子《こ》の智慧《ちゑ》に感《かん》じ、其《そ》の後《のち》は家人《かじん》に命《めい》じて、一切《いつさい》隣家《りんか》の梨《なし》に手《て》を觸《ふ》れぬ様《やう》に

した。

一二〇、空《そら》の遠《ゑん》近《きん》

或男《あるをとこ》が旅行《りよかう》して居《ゐ》ると、道《みち》ばたで二人《ふたり》の子供《こども》が何《なに》か云《い》い争《あらそ》つて居《ゐ》る。わけを聞《き》くと

甲兒「こいつ位《くらゐ》わけの解《わか》らぬ奴《やつ》は居《を》りません、僕《ぼく》が空《そら》は端《はし》の方《はう》が遠《とほ》いと云《い》つてるのに、こいつは眞中《まんなか》が遠《とほ》いと云《い》ふのです」

乙兒「こいつ位《くらゐ》わけの解《わか》らぬ奴《やつ》が居《ゐ》るものですか、私《わたし》は空《そら》は眞中《まんなか》が遠《とほ》いと云《い》つて居《ゐ》るのに、こいつは端《はし》が遠《とほ》いつて云《い》つてるんですもの」

不思議《ふしぎ》に思《おも》つて先《ま》づ甲兒に向《むか》い、端《はし》の遠《とほ》い譯《わけ》を聞《き》くと、

甲兒「でもそうじやありませんか、朝《あさ》、太陽《たいよう》が出《で》る時《とき》は熱《あつ》くないけれども、段々《だん〳〵》眞中《まんなか》に來《く》るに從《したが》つて熱《あつ》くなるのは端《はし》が遠《とほ》くて眞中《まんなか》が近《ちか》い證據《せうこ》でしやう」

次《つぎ》に乙兒に聞《き》くと、

乙兒「でもそうじやありませんか、朝《あさ》、太陽《たいよう》が出《で》る時《とき》は大變《たいへん》大《おほ》きく見《み》えるけれども、段《だん》々眞中《まんなか》に來《く》るに從《したが》つて小《ちい》さくなるのは、端《はし》が近《ちか》くて眞中《まんなか》が遠《とほ》い證據《せうこ》でしよう」

此《こ》の男《をとこ》は二人《ふたり》の子供《こども》の意見《いけん》に對《たい》して滿足《まんぞく》な教示《けうじ》をする事《こと》は出來《でき》なかつたが、其《そ》の代《かは》り二人《ふたり》を大變《たいへん》に褒《ほ》めてやつた。

二二、　吹《ふ》き飛《と》ばされた井戸《ゐど》

よく嘘《うそ》を吐《つ》く男《をとこ》があつた。或《あ》る日《ひ》皆《みな》に向《むか》つて、「昨日《きのふ》の大風《おほかぜ》で、俺《おれ》んとこの井戸《ゐど》が隣《となり》の屋敷《やしき》に吹《ふ》き飛《と》ばされて行《い》つた」と云《い》う。嘘吐《うそつ》きの事《こと》だから、誰《た》れも信《しん》じない、恰度《てうど》そばに居《ゐ》た彼《かれ》の息子《むすこ》が、「ほんとです」と云《い》うので不思議《ふしぎ》に思《おも》つて行《い》つて見《み》ると、隣家《りんか》との境《さかい》にかこうた塀《へい》が風《かぜ》に飛《と》ばされて、すぐ下《した》の井戸《ゐど》を超《こ》えて手前《てまへ》の方《はう》に來《き》て居《ゐ》た。

一三三、空中の屁

京城《けいぜう》の方書房《バングソバン》は中中《なかなか》屁放《へひ》りの名人《めいじん》であつたが、慶尙道《けいせうどう》安洞《あんどう》に權《クオン》生員《センゲウオン》と聞《きこ》えた屁《へ》放《ひ》りの名人《めいじん》が居《ゐ》ると云《い》ふ事《こと》を聞《き》き、一邊《いつぺん》屁放《へむ》り較《くら》べをせんものと、遙々《はるぐ》安洞《あんどう》の地《ち》に下《くだ》り、生員《セングウオン》の寓《うち》を訪《おとづ》れて一夜《いちや》の宿《やど》を賴《たの》むと、一人《ひとり》の總角《チヨンガク》が出《で》て來《き》て、

「甚《はなは》だ御氣《おき》の毒《どく》では御座《ござ》いますが、お泊《と》め申《まを》す事《こと》が出來《でき》ません」

と云《い》う。わけを聞《き》けば、

「實《じつ》は私《わたし》の父《ちゝ》が非道《ひど》い屁放《へひり》で御座《こざ》りますから迚《とて》も御客樣《おきやくさま》の方《はう》で御辛抱《ごしんばう》が出來《でき》ないだろうと思《おも》います」

との事《こと》、方書房《バングソバン》、これを聞《き》いて、果《はた》して世《よ》の風聞《ふうぶん》に違《ちが》わなかつたとななめならず喜《よろこ》び

「實《じつ》は俺《おれ》は京城《けいぜう》の方書房《バングソバン》と云《い》つて、お前《まへ》の父《おやぢ》よりはもつと偉《えら》い屁《へ》放《ひ》りの名人《めいじん》だ、お前《まへ》の父《おやぢ》と屁《へ》放《ひ》り較《くらべ》をしやうと思《おも》つてわざわざ尋《たづ》ねて來《き》たのさ」

總角《チョンガク》が、

「では一邊《いつぺん》そこで試《ため》しに放《ひ》つてごらんなさい」

と云《い》ふから、方書房《パンソパン》、ヨシと答《こた》へて、一發放《いつぱつはな》つと、恰度溫突《てうどおんどる》の炊《た》き口《くち》の前《まへ》に立《た》つて居《ゐ》た總角《チョンガク》が炊《た》き口《くち》の中《なか》に吹《ふ》き込《こ》まれ、穴《あな》をぬけて煙出《けむりだ》しから飛《と》び出《だ》した。早速此《さつそくこ》の旨《むね》を父《ちゝ》の權生員《クオンセングウオン》に告《つ》げると、權生員怒《クオンセングウオンおこ》るまい事《こと》か、直《す》ぐに出《で》て來《き》て、方書房《パングソパン》と手合《てあ》わせに及《およ》んだ。先《ま》づ初《はじ》めに權生員《クオンセングウオン》が一發放《いつぱつはな》つと、恰度米搗場《てうどこめつきば》のところにあつた杵《きね》が吹《ふ》き飛《と》ばされて、勢激《いきほいはげ》しく方書房《パングソパン》の尻《しり》をついた、方書房《パングソパン》、烈火《れつくわ》の如《ごと》く怒《いか》り畢生《ひつせい》の勇《ゆう》をふるつて一發放《いつぱつはな》つと、杵《きね》は再《ふたゝ》び空中《くうちう》を飛《と》んで行《ゆ》く。心得《こゝろえ》たりと權生員早《クオンセングウオンはや》くも之《これ》に應《おう》ずる、暫《しばら》くは大《おほ》きな杵《きね》が空中《くうちう》を上《あが》つたり下《さが》つたりして居《ゐ》たが、お蔭《かげ》でそこに積《つ》んであつた村《むら》の米俵《こめだはら》の米《こめ》が皆眞白《みなまつしろ》に搗《つ》けたと云《い》ふ事《こと》である。

二三、ふ せ い 娘《むすめ》

金持《かねもち》の老人《らうじん》が嫁入《よめい》つた娘《むすめ》の家《うち》を訪《たづ》ねると、娘《むすめ》は恰度《てうど》牛《うし》に食《く》わせる牧草《ぼくさう》を乾《かわか》して居《ゐ》たが、

「おやお父《とう》さんいらつしやい、まあ、あがつてお午飯《ひる》でも食《た》べてお歸《かへ》んなさい」

と口《くち》では云《い》うが一向《いつかう》に仕事《しごと》の手《て》をやめようともしない。父親《てゝおや》が腹《はら》を立《た》て、其《その》まま家《うち》に歸《かへ》り、妻《つま》に向《むか》つておれが死《し》んだと娘《むすめ》に知《し》らしてやれと命《めい》じ、自分《じぶん》は死《し》んだふりをして居《ゐ》る所《ところ》え、急報《きふはう》に接《せつ》した娘《むすめ》は早速《さつそく》かけつけた。そして大聲《おほごゑ》で泣《な》きながら、

「先刻《さつき》御出《おいで》になつた時《とき》までは、何《なん》のお變《かわ》りもなく、大變《たいへん》元氣《げんき》で米《こめ》の御飯《ごはん》と、肥《こ》えためん鷄《どり》の汁《しる》をおいしそうにおあがりになつた後《のち》、今年《ことし》は水田《すいでん》を五斗落《ごとらく》、畑《はた》を二《に》日耕《にちこう》、お前《まへ》にやると、しつかり御話《おはな》しになつたのに、こんなにおなりなさるとは何《なん》と云《い》う悲《かな》しい事《こと》でしやう」

と云《い》ふのを聞《き》いた父親《てゝおや》、むつくとばかりはね起《お》き、

「ふらち者《もの》、今一度《いまいちど》云《い》つて見《み》ろ、牛《うし》の乾草《かんさう》ばりあつかつて居《ゐ》て、何時《いつ》米《こめ》の飯《めし》を食《く》わ

した、肥《こ》えためん鳥《どり》がどうした。それに何時《いつ》おれが水田《すいでん》を五斗落《ごとらく》の畑《はた》を二《に》日耕《にちこう》のと約束《やく》《そく》した。あきれて物《もの》の言《い》えぬ嘘《うそ》つきだ」

さうなると流石《さすが》の娘《むすめ》も驚《おどろ》いたが、元來《がんらい》のしたゝか者《もの》だ。

「お父《とう》さんの御逝《おかく》れになつたのが本當《ほんとう》なら私《わたし》の泣《な》くのだつて本當《ほんとう》でしよう」

娘《むすめ》のおかげで、王様《わうさま》の父《ちゝ》になる人《ひと》もあるのに世《よ》は様々《さま〴〵》なものだ。

一二四、鰥魚《やもめ》の嗅《か》ぎ賃《ちん》

三度《さんど》の飯《めし》よりも鰥魚《やもめ》の好《す》きな男《をとこ》があつた。中年《ちうねん》に至《いた》り零落《れいらく》した爲《た》め、其《そ》の好《す》きな鰥《やも》魚《め》が一向《いつかう》食《く》へなくなつた。そこで近所《きんじよ》の酒屋《さかや》に行《い》つては鰥魚《やもめ》を燒《や》く香《にほひ》だけでも嗅《か》いでせめてもの腹《はら》いせさして居《ゐ》た。然《しか》し餘《あま》り毎日《まいにち》の事《こと》なので、酒屋《さかや》の主人《しゆじん》がうるさがり、

「香《にほひ》を嗅《か》ぐなら、嗅《か》ぎ賃《ちん》を出《だ》して貰《もら》い度《た》い」

と云《い》ふと、男《をとこ》幾許《いくら》かの金《かね》を出《だ》した。亭主《ていしゆ》が受取《うけど》ろうとすると、手早《てはや》く出《だ》した金《かね》をひつ

こまゝせ、

『おれも食《く》わずに香《にほひ》だけ嗅《か》いだんだから、貴様《きさま》も金《かね》を拜《おが》んだだけでよかろう」

一二五、數萬兩《すうまんれう》を飲《の》み食《く》いした大監《テガム》

昔《むかし》、北村《ほくそん》の兩班《ヤングバン》に使《つか》われる老僕夫婦《ろうぼくふうふ》が、一人《ひとり》の息子《むすこ》を無性《むせう》に可愛《かあい》がつて居《ゐ》たか、或《ある》日此の息子《むすこ》が、銅錢《どうせん》を一文口《いちもんくち》にくわねて遊《あそ》んで見《み》る中《うち》、うつかり飲《の》んでしまつた。母《はゝ》親《おや》は大變《たいへん》に驚き、早速《さつそく》此の家《や》の家庭教師《かていけうし》に、

母『もし先生様《せんせいさま》、大變《たいへん》で御座《ござ》います、子供《こども》が只今《たゞいま》銅錢《どうせん》を一文《いちもん》飲《の》んでしまつたのですがどうでしよう、助《たす》かりましようか」

先生落《せんせいお》ちついたもので、

先『心配《しんぱい》するな死《し》にはせぬ」

母『ほんとに先生大丈夫《せんせいだいぜうぶ》で御座《ござ》いますか」

先「大丈夫《だいぢやうぶ》とも、この家《いへ》の大監《テガム》を見《み》よ、數万兩《すうまんりやう》の金《かね》を飲《の》んだり食《く》つたりしたけれども
ピンピンしてるじやないか」

註　富豪の兩班の家では、今でも家庭教師を雇うて子弟に漢書を教ねて居るところが多い、

一二六、　金持《かねもち》になる道《みち》

貧乏者《ひんぼうにん》が金持《かねもち》に成《な》ろうと思《おも》い、色々《いろいろ》思案《しあん》して見《み》たが、どうもうまい考《かんがへ》が浮《うか》ばない
そこである金持《かねもち》の處《ところ》に行《い》つて、
「あなたは代々《だいだい》の金持《かねもち》だから、金持《かねもち》になる道《みち》を知《し》つて居《ゐ》らつしやるでしよう、一《ひと》つ教《をし》えて下《くだ》さい」と賴《たの》むと、
金持「よし來《き》た敎《をし》ねてやる」と後《うし》ろの山《やま》に連《つ》れて行《ゆ》き、其處《そこ》に生《は》ゑて居《ゐ》る大木《たいぼく》を指《ゆび》さし、
『此《こ》の木《き》のてつぺんに上《のぼ》れ』と云《い》う。貧乏者《びんぼうもの》が上《のぼ》ると中々《なかなか》の高《たか》さだ、
金持『其《そ》の枝《えだ》の先《さき》をつかまえてぶらさがるんだ」

貧乏者《びんぼうもの》が其《そ》の通《とほ》りすると、

金持「片一方《かたいつぽう》の手《て》を離《はな》せ」

云《い》うままに離《はな》すと、

金持「もう一方《いつぽう》の方《ほう》も」

両《りやう》の手《て》を離《はな》したら落《お》ちて死《し》ぬばかりだから貧者《ひんしや》、金持《かねもち》に向《むか》い、

貧者「迚《とて》もこりや金持《かねもち》にはなれぬ、こつちまで離《はな》したら落《お》ちてしまいます」

金持「では下《を》りて来《こ》い、だが金持《かねもち》になりたいなら今木《いまき》の枝《えだ》を離《はな》さなかつた様《やう》に、一文《いちもん》でも金《かね》がは入《い》つたら離《はな》さぬ事《こと》さ」

一二七、勝手《かつて》な証文《せうもん》

嘘吐《うそつ》きの名人《めいじん》、孟生員《もうせんくゐん》が文盲《もんもう》な人《ひと》を欺《だま》し、一箇月《いつかげつ》の後《のち》には返《かへ》すと云《い》ふ約束《やくそく》で金《かね》を借《か》り証文《せうもん》には「返《かへ》したくなつたら返《かへ》す、返《かへ》したくないうちは返《かへ》さぬ」と書《か》いて置《お》いた。

貸主《かしぬし》は文字《もじ》が讀《よ》めぬのでそのまま証文《せうもん》を受《う》け取《と》り、一箇月《いつかげつ》の後《のち》、催促《さいそく》すると孟生員《もうせんゐん》、

「まだ返《かへ》し度《た》くないから返《かへ》さぬ」

と、とり合《あ》わぬ、仕方《しかた》がないので之《これ》を官《かん》に訴《うつた》えた。役人《やくにん》は証文《せうもん》を見《み》ながら孟生員《もうせんゐん》に、

役「何故《なにゆゑ》に人《ひと》の金《かね》を借《か》りて返《かへ》さぬか」

孟「其《そ》の証文《せうもん》にもあります通《とほ》り、まだ返《かへ》し度《た》くありませんから」

役人《やくにん》は生員《せんゐん》の所行《しよぎやう》を憎《にく》み、

役「よし其方《そのはう》返済《へんさい》の心《こゝろ》がないのに是非《ぜひ》返《かへ》せとは云《い》わぬ、だが其《そ》の代《かは》り今日《こんにち》より其《そ》の方《はう》に入牢《にうらう》申《まを》しつけるから、何時《いつ》でも返《かへ》したくなつたら申《まを》し出《い》でよ」

と、とうとう孟生員《もうせんゐん》を牢《らう》へぶち込《こ》んだ。

孟氏《もうし》が獄中《ごくちう》にあつて思《おも》うのに、金《かね》を返《かへ》さねばいつまでも出《で》られぬのかと遂《つひ》に、

「只今《たゞいま》返《かへ》す氣《き》になりました」

ー、たくさく

一二八。老總角《らうちよんがく》と書堂《しよだう》の先生《せんせい》

往《わう》十里《り》に三十にもなる總角《ちよんがく》があつた、薪《たきゞ》をとる事《こと》と、大飯《おほめし》を食《く》ふ事《こと》の外《ほか》には何《なに》も知《し》らぬ愚《おろ》か者《もの》であつた。或《あ》る日《ひ》、例《れい》の通《とほ》り薪《たきゞ》とりに行《い》つたが、道《みち》で立派《りつぱ》に衣冠《いかん》した兩班《ヤンバン》が悠々《ゆう〳〵》と歩《ある》いて居《ゐ》るのを見《み》て、うらやましくなり、家《うち》に歸《かへ》つて父親《てゝおや》に、私《わたし》もあんなになり度《た》いと云《い》うと、

父「學問《がくもん》をすればあんなになれる、どうだ書堂《しよだう》に行《い》つて勉强《べんきやう》するか」

息「學問《がくもん》てどうするんです」

父「先生樣《せんせいさま》のおつしやる通《とほ》りにさへすればいゝ」

總角《ちよんがく》が早速《さつそく》千字文《せんじもん》を持《も》つて、近所《きんじよ》の書堂《しよだう》に行《ゆ》き、先生《せんせい》の前《まへ》に出《で》て教《をし》へを請《こ》うど、先生《せんせい》は本《ほん》をとり、

先「하날텬《ハナルチョン》（空天《からてん》）サア讀《よ》んで見《み》い」
總角《つよんがく》は先生《せんせい》のおつしやる通《とほ》りに云《い》ふのだと思《おも》い、
總「하날텬《ハナルチョン》サア讀《よ》んで見《み》い」とそのまゝ倣《ま》ねると先生《せんせい》、
先「サア讀《よ》んで見《み》いは云《い》わなくつてもいい」
總「サア讀《よ》んで見《み》いは云《い》わなくつてもいゝ」
先「サア讀《よ》んで見《み》いは云《い》わなくつてもいいと云《い》うのに」
總「サア讀《よ》んで見《み》いは云《い》わなくつてもいいと云《い》うのに」
先生《せんせい》が怒《おこ》つて棒《ぼう》を振り上《あ》げながら、
先「サア讀《よ》んで見《み》いはよして하날텬《ハナルチョン》だけ讀《よ》むんだ」
總「サア讀《よ》んで見《み》いはよして하날텬《ハナルチョン》だけ讀《よ》むんだ」
遂《つい》に先生《せんせい》がたまり兼《か》ねて一《ひ》つたたかれると、總角《ちよんがく》も又棒《ぼう》をひつたくつて先生《せんせい》の頭《あたま》を一

『馬鹿《ばか》、歸《かへ》れ』

と先生《せんせい》が本《ほん》をなげ出《だ》し眞赤《まつか》になつて怒《おこ》られると總角《ちよんがく》も同《おな》じく本《ほん》をなげ出《だ》し、『馬鹿歸《ばかかへ》れ』と云《い》う。流石《さすが》の先生《せんせい》も始末《しまつ》に困《こま》つて居《ゐ》るところね、父親《てゝおや》がどんな具合《ぐあひ》かと様子《やうす》を見《み》に來《き》たが、此《こ》の有様《ありさま》にびつくりし、つれて歸《かへ》る。總角《ちよんがく》は父《ちゝ》に向《むか》い、

總角「お父《とつ》さん、學問《がくもん》と云《い》うものは中々《なかなか》難《むつ》かしいものですね」

父「そうさ、學問《がくもん》が易《やす》いものだつたらどうして世間《せけん》が學者《がくしや》を大切《たいせつ》にするものか」

一二九、雜《チャプ》同《トング》散《サン》異《イ》

小《ちい》さい子供《こども》が주머니《チユモニ》（金入《かねいれ》）に何《なに》か一《いつ》ぱい入《い》れて居《ゐ》るのを見《み》て、

大人「何《なに》をそんなに入《い》れたんだい」

小兒「山《やま》がは入《い》つて居《ゐ》ます」

大人「ナニ山《やま》？　そんな小《ちい》さい金入《かねいれ》に山《やま》がは入《い》るものか」

小兒「잡동산이（雜同散異）が入つてるんです」

註　雜同散異は玩具又は雜多な品物と言う意味である、散異即ち산이即ち（山）ともじつたのである、

一三〇、공서방《コングソパン》（鞠書房《まりそはん》）

可成《かなりぬ》抜けた郡守《ぐんしゅ》が、ある郡《ぐん》に着任《ちやくにん》して、吏房《りぼう》を呼《よ》び「君《きみ》の名前《なまへ》は何《なん》だ」ときくと、「裵家《ハイカ》（배가《ベカ》）で御座《ござ》います」と答《こた》ねた、郡守《ぐんしゅ》が忘《わす》れてはならぬと、紙《かみ》に筆《ふで》で丸《まる》く梨《なし》の形《かたち》をかいて置《お》いた。翌日《あくるひ》吏《り》房《ほう》が朝《あさ》の禮《れい》に來《き》た時《とき》、郡守《ぐんしゅ》は昨日《きのふ》の紙《かみ》を出《だ》して見《み》ると丸《まる》いものがかいてあるから「鞠《まり》……공《こんぐ》……孔《こんぐ》てんだな」と思《おも》い、「おい君《きみ》は공서방《コンソパング》（鞠書房—孔書房《コングソパング》）と云《い》つたな」と云《い》うと、吏房《りぼう》、「いいえ私《わたし》は裵書房《はいそはん》（배서방《ベソパング》）で」

郡守「あつ蔕《へた》を忘《わす》れた」

註 裵は朝鮮人の姓である、裵の音が朝鮮音で배であつて、배は朝鮮で梨の意味であるからこうした笑話が出來たのである、꼭は蔕のことで亦朝鮮人の姓である、孔と同音である、

一三一、蔕《へた》書《そ》房《ばん》

黄海道谷山《わうかいこうこくさん》の住人《じうにん》、裵春夫《はいしゆんぷ》（배춘부《ペチユンブ》）氏《し》は頗《すこぶ》る健忘性《けんぼうせい》の男《をとこ》で、何《ど》うしたわけかよく自分《じぶん》の姓《せい》を忘《わす》れる。そこで何時《いつ》も梨《なし》（배《ペ》）を衣服《いふく》の紐《ひも》にさげて道《みち》を歩《ある》き、人《ひと》から姓《せい》をきかれる度《たび》に之《これ》を見《み》て배서방《ペソバング》（裵書房《はいしよぼう》）と答《こた》へて居《ゐ》た。ところがある時《とき》、何時《いつ》の間《ま》にかさげて居《ゐ》た梨《なし》が落《お》ちてしまつて、蔕《へた》だけが殘《のこ》つて居《ゐ》るのに氣《き》がつかずに居《ゐ》ると、或《あ》る人《ひと》がやつて來《き》て名前《なまへ》をきいた。裵氏《はいし》が例《れい》の如《ごと》くなでて見《み》ると蔕《へた》だけあるので、「네나《ネナ》는꼭지《スンコクチ》서방이《ソバングイ》요《ヨ》（はい私《わたし》は蔕書房《へたそばん》です）」

一三二、孫義夫と朱仁助

孫同知《ソントングチ》は聞《きこ》えた金持《かねもち》であつたが、初對面《しよたいめん》の挨拶《あいさつ》をする時《とき》、何時《いつ》でも自分《じぶん》の姓名《せいめい》を以《もつ》て客《きやく》をひやかす癖《くせ》がある。

客「御主人《ごしゆじん》の御名前《おなまへ》は何《なん》と仰《おつ》しやいますか」

孫「네《ネ》、나《ナ》는《ヌン》손《ソン》의《エ》부《ブ》요《ヨ》（ハイ私は손의부（孫義夫 客の父）です）」

とやるものだから、客《きやく》の方《ほう》で怒《おこ》つてしまいあまり訪《たず》ねて行《ゆ》く者《もの》もなかつた。

ところが或《あ》る日《ひ》の事《こと》だ、一人《ひとり》の客《きやく》がやつて來《き》た。

客「御主人《ごしゆじん》の御名前《おなまへ》は何《なん》と仰《おつ》しやいます」

孫「はい私《わたし》は孫義夫《ソンイブ》（客《きやく》の父《ちゝ》）です、貴君《きくん》の姓名《せいめい》は」

客「네《ネ》、나《ナ》는《ヌン》주《チユ》인《イン》조요（ハイ私《わたし》は주인조《チユインチヨ》（朱仁助 主人の祖父）です）」

註 孫は朝鮮人の姓

同知は官名 同知中樞府事の略で中樞府の一職（從二品）

相手を自分の子にしたり孫にしたりするのは朝鮮でよく〻やる弄談である、

一三三、飛び上《あが》つて冠《かんむり》をこわす息子《むすこ》

甲某《かうぼう》が其《そ》の子《こ》を乙某《おつぼう》に賴《たの》んで、不幸《ふかう》のあつた丙家《へいけ》に悔《くや》みの挨拶《あいさつ》に連《つ》れて行《い》つて貰《もら》う事《こと》にした。出る時《とき》『お前《まへ》は禮儀作法を知《し》らぬから萬事《ばんじ》乙《おつ》さんに倣《なら》つて乙《おつ》さんのなさる通《とほ》りにするんだよ』と云《い》いつけた。甲某《かうぼう》の子《こ》は承知《せうち》して、乙某《おつぼう》に連《つ》れられ丙家《へいけ》に行《い》つたが萬事《ばんじ》乙《おつ》のまねばかりして居《ゐ》る。たまたま門《もん》の處《ところ》で乙《おつ》の冠《かんなり》が上《うへ》の横木《よこぎ》にあたつてこわれたのを見《み》て、甲《かう》の子《こ》、元來《がんらい》たけがひくいものだから、ピンと跳《と》んで自分《じぶん》の冠《かんむり》を横木《よこぎ》にぶつつけてこれをこわし、乙《おつ》の袖《そで》をひきながら、

『中々《なかなか》むつかしいものですね』

一三四、責《せめ》を負《お》うて笞《しもと》を受《う》ける孫同知《ソンダトング》

密陽《みつよう》の學者《がくしや》、孫氏《そんし》が、亡父《ばうふ》の命日《めいにち》につかう心計《つもり》で、舍廊《サランク》(客間《きやくま》)の前《まへ》の梨《なし》をちぎり、

夫人《ふじん》にあづけて置《お》いた。ところが夫人《ふじん》は子供《こども》の泣《な》くのに弱《よわ》つて、其《そ》の度《たび》に一《ひと》つづつやつたので何時《いつ》の間《ま》にか無《な》くなつてしまつた。愈々《いよいよ》亡父《ぼうふ》の命日《めいにち》になつて、孫氏《そんし》が梨《なし》の事《こと》を尋《たづ》ねた時《とき》、夫人《ふじん》が事實《じじつ》を打《う》ちあけると、孫氏《そんし》火《ひ》の如《ごと》く怒《おこ》つた後《のち》、

「こんな事《こと》になると云《い》うのも、畢竟《つまり》は俺《おれ》の取締《とりしま》りが充分《じうぶん》でないからだ」

と云《い》いながら、夫人《ふじん》に棒《ぼう》を持《も》つて來《こ》させ、祠堂《しだう》の前《まへ》に自分《じぶん》の尻《しり》を出《だ》し、

「祖先《そせん》の教訓《けうくん》を受《う》けねばならぬ、さ、この棒《ぼう》で家事不取締《かじふとりしまり》の不幸《ふかう》な子《こ》を十ぺんだけしつかり叩《たた》け」

夫人《ふじん》は夫《をつと》の様子《やうす》をおかしく思《おも》いながら、棒《ぼう》をあげて吩附通《いひつけどほ》り、しつかり、目《め》から火《ひ》が出《で》る位《くらゐ》に猛烈《もうれつ》な一撃興《いちげきあた》れた。孫氏《そんし》が飛《と》び上《あが》つて曰《いは》く、

「殘《のこ》りは又《また》この次《つぎ》だ」

一三五、着物《きもの》のしまつ

女《をんな》ばかりの三人《さんにん》の子《こ》があつた。年頃《としごろ》になつたので、順々《じゆん〳〵》にお嫁《よめ》に行《ゆ》く事《こと》になつたが一番《いちばん》めの娘《むすめ》は、婚禮《こんれい》の當夜《とうや》、耻《はづ》かしさの餘《あま》り、どうしても着物《きもの》を脫《ぬ》がなかつた爲《た》め花《はな》婿《むこ》に怒《おこ》られて離緣《りえん》になり、二《に》番目《ばんめ》の娘《むすめ》は姉《あね》が着物《きもの》を脫《ぬ》がなかつた爲《た》め離緣《りえん》になつたと聞《き》いて、婚禮《こんれい》の夜《よる》、寢室《しんしつ》にまだは入《い》らぬ前《まへ》、入口《いりくち》の處《ところ》で着物《きもの》を脫《ぬ》いで裸《はだか》になつた爲《た》め之《これ》また離緣《りえん》になつた。三番目《さんばんめ》の娘《むすめ》は二人《ふたり》の姉《あね》の中《うち》、一人《ひとり》は着物《きもの》を脫《ぬ》がなかつた爲《た》め、一人《ひとり》は着物《きもの》をぬいだ爲《た》め離緣《りえん》になつたと聞《き》いてどうしたものかと色々《いろ〳〵》考《かんが》えた末《すゑ》、とうとう婚禮《こんれい》の夜《よる》。新郎《しんろう》に向《むか》ひ、

「もし着物《きもの》は脫《ぬ》ぎましようか、脫《ぬ》ぎますまいか」

と尋《たづ》ねた爲《た》め新郎《しんろう》に何《なん》だか樣子《やうす》がおかしいと怪《あや》しまれ、之《これ》また同《おな》じく離緣《りえん》となつた。

註　朝鮮の習慣では婚禮の夜新郎が新婦の衣服を脫いでやる事になつて居る、

一三六、　豚鷄《とんけい》の價合《あたひあは》せて六十五兩也《れうなり》

或《あ》る人《ひと》が豚《ぶた》を賣《う》ろうと思《おも》い、市場《いちば》え行《ゆ》く道《みち》で日《ひ》が暮《く》れたので、とある宿屋《やどや》で一夜《いちや》を明《あ》かす事《こと》にした。ところが其《そ》の夜《よ》、つれて來《き》た豚《ぶた》が宿《やど》の鷄《にわとり》を一羽《いちは》食《く》つてしまつた。主人《しゆじん》が此《こ》の男《をとこ》に鷄《にわとり》の代金《だいきん》を請求《せいきう》すると、男《をとこ》は、

「今《いま》、金《かね》がないから明日《あす》豚《ぶた》を賣《う》つてからやる」との返事《へんじ》。

翌日《よくじつ》宿《やど》の主人《しゆじん》も一緒《いつしよ》に市場《いちば》に行《ゆ》くと、或《あ》る人《ひと》が豚《ぶた》の價《あたひ》を尋《たづ》ねた。男答《をとこた》えて曰《いは》く。

「此《こ》の豚《ぶた》は昨夜《ゆうべ》この人《ひと》の雞《にわとり》を食《く》つたんだから、豚《ぶた》だけなら五十兩《れう》だが、鷄《にわとり》の價《あたひ》十五兩《れう》を足《た》して合計《ごうけい》六十五兩頂戴《れうてうだい》します」

一三七、耳鈴《じれい》鼻鈴《びれい》

姙婦《にんぷ》が生《う》み月《つき》になつたので、巫女《みこ》を招《まね》いて胎中《たいちう》の子《こ》を占《うらな》わせた。

巫女《みこ》が米《こめ》を撒《ま》き封《け》を立《た》てて曰《いは》く、

巫女「奥《おく》さんの方《はう》から行《ゆ》きますと、こりやあどうもお嬢《ぞう》さんですな」

家人《かじん》が失望《しつばう》すると巫女《みこ》。

巫女「けども旦那《だんな》の方《はう》から申《まを》しますと、こりやあどうしても坊《ばう》ちやんですな」

一三八、以實直言

昔《むかし》、釜《かま》を盗《ぬす》んで世《よ》を渡《わた》る不都合《ふつがふ》な男《をとこ》が住《す》んで居《ゐ》た。貧乏《びんばふ》な兩班《ヤングバン》が或時《あるとき》、

「仕事《しごと》もせずにぶらぶら遊《あそ》んでばかり居《ゐ》る樣《やう》だが、どうして君《きみ》は飯《めし》を食《く》うて居《ゐ》るのか」と尋《たづ》ねると、

「おらと一緒《いつしよ》に歩《ある》いて來《き》なせえ、そしたらわかるよ」と云《い》う。

兩班《ヤングバン》喜《よろこ》び、其《そ》の男《をとこ》のあとから隨《つ》いて行《ゆ》くと或《あ》る大家《たいけ》の塀《へい》の下迄《したまで》來《き》た。男《をとこ》は身輕《みがる》に之《これ》を乘《の》り越《こ》ゑて行《ゆ》くから兩班《ヤングバン》も同《おな》じく其《そ》のあとに從《したが》つた。二人《ふたり》は先《ま》づ台所《だいどころ》には入《い》つたが、そこにあつた釜《かま》を指《さ》してかの泥棒《どろばう》、兩班《ヤングバン》を顧《かへり》み、此《こ》の釜《かま》を持《も》つて行《ゆ》けと云《い》う。兩班《ヤングバン》が釜《かま》の蓋《ふた》をとつて見《み》るとプーンと鼻《はな》をつく酒《さけ》の香《かほり》、元來《がんらい》酒《さけ》と來《き》ては目《め》のない兩班先生《ヤングバンせんせい》、

遠慮《えんりよ》も糸瓜《へちま》もあらばこそ、すきばらにしたたか飮《の》んだので忽《たちま》ち、グタグタに醉《よ》つてしまつた。泥棒《どろぼう》が、『もう飮《の》むのはよせ』と注意《ちうい》すると兩班《ヤンバン》、醉眼《すいがん》をタワッと見開《みひら》き、雷《かみなり》の樣《やう》な聲《こゑ》を上《あ》げ、『何《なに》！ のむのをよせ？ 兩班《ヤンバン》に向《むか》つてのむのをよせだ！ 無禮者《れいもの》め！』とどなり出《だ》したから泥棒《こうぼう》肝《きも》をつぶし、其《その》ままあと白波《しらなみ》と逃《に》げてしまつた。家《いへ》の主人《しゆじん》か餘《あま》り騷《さわ》がしいので目《め》を覺《さ》まし、台所《だいどころ》に來《き》て見《み》ると見知《みし》らぬ一人《ひとり》の男《をとこ》が大層《たいそう》醉つぱらつて。

『何《なに》！飮《の》むのをよせだ、飮《の》むとは何《なん》だ兩班《ヤンバン》に向《むか》つて』としきりにやつて居《ゐ》るから、其《そ》の夜《よ》は其《そ》のまま家《いへ》の中《なか》に寢《ね》かし、翌日《よくじつ》わけを聞《き》くと、兩班《ヤンバン》が面目《めんぼく》なげに『實《じつ》はしかじか斯樣《かやう》』と事情《じぜう》をうち開《あ》けた。主人《しゆじん》は大層同情《たいそうどうぜう》し、お金《かね》や穀物《こくもつ》を澤山《たくさん》惠《めぐ》んでやつた兩班《ヤンバン》曰《いは》く、

『やつぱりかくさず實《じつ》を以《もつ》て直言《ちよくげん》するに限《かぎ》る』

註　朝鮮語では食べる、飮む、共に먹と다と云う言葉を使う、

だが之は極く悪い言葉で目上の人には又外の言葉がある、

一三九、一番恐《いちばんおそろ》しいもの

昔《むかし》、話好《はなしずき》の宰相《さいせう》、例《れい》の如《ごと》く集《あつま》つた門客《もんきやく》の話《はなし》を聞《き》いた後《のち》、

「此《こ》の世《よ》の中《なか》で一番恐《いちばんおそろ》しい、ものは何《なん》だろう」

と云《い》う質問《しつもん》を出《だ》した。門客《もんきやく》たちはそれぞれ思《おも》い思《おも》いの返事《へんじ》をしたが、どうも宰相《さいせう》を滿《まん》足《ぞく》させる程《ほど》の答《こたへ》が出《で》ない。すると此處《こゝ》に一人《ひとり》の男《をとこ》、

「此《こ》の世《よ》の中《なか》で一番恐《いちばんおそ》ろしいものは女《をんな》と、便所《べんじよ》で御座《ござ》います」

と云《い》う。宰相《さいせう》がそのわけを尋《たづ》ねると、

「昔《むかし》から今日迄《こんにちまで》、王候《わうこう》、將相《しやうさう》、英雄《えいゆう》、豪傑《がうけつ》、數《かず》ある中《なか》で、女《をんな》に屈服《くつぷく》しなかつた者《もの》と便所《べんじよ》に行《い》つて糞《くそ》を垂《た》れぬ者《もの》が一人《ひとり》でもありましたか」

註　朝鮮でもヘコメレる事を糞を垂れル（똥을 싼다）と云う、

一四〇、嫁《よめ》の氣《き》轉《てん》舅《しうと》の赤面《せきめん》

舅《しうと》と嫁《よめ》があつた。或日《あるひ》嫁《よめ》が、小豆《あづき》の粥《かゆ》をこしらへて、一寸《ちよつと》水汲《みづくみ》に行《い》つた留守《るす》に舅《しうと》がこの間《あひだ》に一《いつ》ぱい食《く》つて置《お》いて、後程《のちほど》更《さら》に一《いつ》ぱい食《た》べてやろうと欲《よく》ばり、大《おほ》きな사발《サバル》に盛《も》つたが、出來《でき》たての粥《かゆ》の事《こと》だから、熱《あつ》くてとても食《た》べられぬ、ぐづぐづして居《ゐ》て嫁《よめ》に見《み》つけられては一大事《いちだいじ》と、便所《べんじよ》に持《も》つて行《ゆ》き、プープー口《くち》で吹《ふ》いて冷《さま》して居《ゐ》る時《とき》一《いつ》方嫁《ほうよめ》の方《ほう》では水《みづ》を汲《くん》で歸《かへ》つて見《み》ると舅《しうと》の姿《すがた》が見《み》へないからもつけの幸《さいはひ》と喜《よろこ》びこちらも大《おほ》きな사발《サバル》に一《いつ》ぱいついだが、舅《しうと》に見《み》られぬ間《ま》にと、これも同《おな》じく便所《べんじよ》に持《も》つて行《ゆ》く。便所《べんじよ》の中《なか》では先客《せんきやく》の舅《しうと》が嫁《よめ》の來《く》るのに氣付《きづ》き俄《にわ》かにかくす所《どころ》もなく、사발《サバル》を伏《ふ》せて頭《あたま》に戴《の》せウンウンうなりながら糞《くそ》をひるふりをして居《ゐ》る。所《ところ》へは入《い》つて來《き》た嫁《よめ》、初《はじ》めて舅《しうと》の居《ゐ》るのに氣《き》づき大《おほ》いに驚《おどろ》いたけれども早速《さつそく》の氣轉《きてん》、持《も》つて來《き》た粥《かゆ》を舅《しうと》の前《まへ》につきつけ、

「お父様さあ御あがんなさい」
男「いやそんな熱《あつ》い粥《かゆ》は見《み》ただけでも額から汗が出《で》る」

一四一、天皇氏《てんのうし》は鬚髯《ひげ》が多《おほ》い

學童《がくどう》が史略《しりやく》を讀《よ》んで居《ゐ》ると、一人《ひとり》の老人《らうじん》が戯談半分《ざうだんはんぶん》に天皇氏《てんゆうし》の顔《かほ》はどうだと聞《き》く。
學童「鬚髯《ひげ》がたくさん生《は》えて居《ゐ》ます」と答《こた》へる。
老人「どうしてお前《まへ》に鬚髯《ひげ》の多《おほ》い事《こと》がわかるんだい」
學童「では、どうして、あなたに鬚髯《ひげ》の多《おほ》くない事《こと》がわかるんです」

一四二、仔《こ》牛《うし》の親《おや》

或所《あるところ》に、兄《あに》と弟《おとゝ》とが住《す》んで居《ゐ》た。黒《くろ》い牛《うし》と、黄色《きいろ》な牛《うし》を持《も》つて居《ゐ》たが、或時《あるとき》、黄色《きいろ》い方《はう》が、黒《くろ》い牛《うし》の子《こ》を生《う》んだ。恰度《てうど》弟《おとゝ》は外出《がいしゆつ》して居《を》つたが、歸《かへ》つて之《これ》を見《み》て兄《あに》に向《むか》ひ

弟「兄《にい》さん、うちの黒《くろ》い牛《うし》が子《こ》を生《う》みましたよ」と云《い》うと兄《あに》は、
兄「いや黄色《きいろ》い方《ほう》のが生《う》んだんだ」
弟「黄色《きいろ》い牛《うし》が黒《くろ》い牛《うし》の子《こ》を生《う》みますか」
兄「いや黄色《きいろ》い方《ほう》のが生《う》んだんだ」
二人《ふたり》が負《ま》けず、劣《おと》らず、言《い》い爭《あらそ》つて居《ゐ》るのを見《み》て、兄弟《けうだい》の妻君《さいくん》たちが笑《わら》つて曰《いは》く、
「男《をとこ》つてつまらぬ事《こと》で喧嘩《けんか》するものね」

一四三、春《しゆん》夢《む》虚《きよ》事《じ》

一言《ひとこと》の遺言《ゆいごん》をするでなく、父親《てゝおや》が二人《ふたり》の兄弟《けうだい》を殘《のこ》して突然死《とつぜんし》んでしまつた。葬式《さうしき》をすまして二三日《にち》たつたある晩《ばん》、弟《おとゝ》の寢息《ねいき》を窺《うかゞ》つて欲深《よくぶか》の兄《あに》が突然《とつぜん》われる樣《やう》な大《おほ》きな聲《こゑ》を出《だ》して泣《な》き出《だ》した。びつくりした弟《おとゝ》が、

「兄《にい》さん아이고《アイゴ》を云《い》うのでしたら、一緒《いつしよ》に云《い》をうじやありませんか、何《なに》も兄《にい》さん一《ひと》

人で泣かなくつたつて」と云うさ、兄《あに》が答《こた》ねて、

「いや其《そ》んな事《こと》じやないんだ、實《じつ》は今夢《いまゆめ》を見《み》たんだ、お父《とう》さんが御見《おみ》ねになつて、あの優《やさ》しい御聲《おこゑ》で、田《た》と畑《はたけ》は皆《みな》お前《まへ》にやるぞと仰《おつ》しやるかと思《おも》うと夢《ゆめ》が醒《さ》めたんだが有難《ありがた》い親心《おやごゝろ》を思《おも》うと嬉《うれ》しいやら悲《かな》しいやらで、つい泣《な》いた樣《やう》な譯《わけ》さ」

弟《おとゝ》は兄《あに》の心中《しんちう》をほゞ察《さつ》する事《こと》が出來《でき》たが、そ知《し》らぬ顔《かほ》で再《ふたゝ》び床《とこ》についた。間《ま》もなく今《こん》度《ど》は弟《おとゝ》の方《はう》が泣《な》き出《だ》した。寢《ね》て居《ゐ》た兄《あに》がびつくりして、其《そ》のわけをたづねると、

「只今《たゞいま》、夢《ゆめ》の中《なか》でお父樣《とうさま》がお見《み》ねになつて仰《おつ》しやるのには、家《いへ》だけは兄《にい》さんにやれ其《そ》の代《かわ》り殘《のこ》りの家《か》財《ざい》道具《だうぐ》田地《でんち》田畑《でんぱた》一切《いつさい》はお前《まへ》どれとの事《こと》、ハツと思《おも》う拍子《へうし》に目が覺《さ》めれば、南柯《なんか》の一夢《いちむ》、お父樣《とうさま》の影《かげ》も形《かたち》も見《み》えないじやありませんか」と答《こた》ねる。

兄《あに》が笑《わら》つて、「春夢虚事《しゆんむきよじ》」と云《い》う事《こと》があるから貴樣《きさま》の夢《ゆめ》なんか信《しん》ずる譯《わけ》には行《ゆ》かぬ」

弟「では兄《にい》さんの夢《ゆめ》は、今年《ことし》の秋《あき》のを前以《まへもつ》て御覽《ごらん》になつたのですか」

一四四、鷺尾《ろび》の黒白《こくびやく》

南村《なんそん》の宰相《さいせう》と北村《ほくそん》の宰相《さいせう》が屏風《べうぶ》にかいた鷺《さぎ》を見《み》て、「鷺《さぎ》の尾《を》は白《しろ》い」「いや黒《くろ》い」と爭《あらそ》つて居《ゐ》る所《ところ》へ、嶺南《れいなん》の儒者《じゆしや》がは入《い》つて來《き》た。

南相「君《きみ》、鷺《さぎ》のしつぽは白《しろ》いだろう」

北相「君《きみ》、鷺《さぎ》のしつぽは黒《くろ》いだろう」

嶺南《れいなん》の儒者《じゆしや》が、白《しろ》いと云《い》ねば南村《なんそん》の宰相《さいせう》にすまないし、黒《くろ》いと云《い》えば北村《ほくそん》の宰相《さいせう》にすまないので、嶺儒「は、鷺《さぎ》は立《た》つて居《ゐ》る時《とき》は尾《を》が白《しろ》く、飛《とん》で居《ゐ》る時《とき》は黒《くろ》う御座《ござ》います」

南村《なんそん》の儒者《じゆしや》が笑《わら》つて北村《ほくそん》の宰相《さいせう》に向《むか》い、

「じやあ君《きみ》は飛《と》んでる鷺《さぎ》だけ見《み》たわけだな」

一四五、少年《せうねん》の計略《けいりやく》にかかる大泥棒《おほどろばう》

公州嶺《こうしうれい》の金先達《きんせんだつ》は、大《おほ》きな藥問屋《くすりどいや》であつた。或日《あるひ》一人《ひとり》の男《をとこ》が、人蔘《にんじん》を三十駄《さんじうだ》持つて來《き》て、庫《くら》に預《あづ》け、しばらく時機《じき》を待《ま》つて、値《ね》が出《で》たら賣《う》つて返《かへ》すから、當座《とうざ》の小遣《こづかい》に一萬兩《いちまんれう》だけ立《た》て替《か》えて吳《く》れと賴《たの》んだ。先達《せんだつ》は、捨《す》て値《ね》に賣《う》つてもあれだけの人蔘《にんじん》なら五六萬兩《まんれう》には賣《う》れるからと安心《あんしん》し、心《こゝろ》よく一萬兩《いちまんれう》を貸《か》してやつたが、人蔘商《にんじんせう》は金《かね》が手《て》には入《い》ると、三十六計《けい》の奧《おく》の手《て》を出《だ》して、何《いづ》れにか逃《に》げてしまつた、幾《いく》ら待《ま》つても歸《かへ》つて來《こ》ないので、金先達《きんせんだつ》が庫《くら》に預《あづ》けてある人蔘《にんじん》を開《ひら》いて見《み》ると、こわ如何《いか》に、人蔘《にんじん》は只《たゞ》の一《ひと》つもなく、皆祿《みなろく》でもない桔梗《きけう》の根《ね》をくくつたものだ、先達《せんだつ》が嘆息《たんそく》して居《ゐ》ると、そこわ今年《ことし》十二になる息子《むすこ》が出《で》て來《き》て、「私《わたし》にいゝ考《かんが》えがあるから默《だま》つていらつしやい」と云《い》う。どうするのかと見《み》て居《ゐ》ると、其《そ》の夜《よ》の中《うち》に桔梗《きけう》の根《ね》を見《み》えぬ所《ところ》にかくし倉庫《さうこ》の壁《かべ》に人《ひと》のは入《い》れる位《くらゐ》な穴《あな》をあけ、父母《ふぼ》をして其《そ》の穴《あな》のわきに座《すわ》らせ、「先達《せんだつて》、或《あ》る商人《せうにん》が預《あづ》けて行《い》つた三十駄《だ》の人蔘《にんじん》を昨夜《ゆふべ》賊《ぞく》にとられてしまつた、もし預《あづ》け主《ぬし》が來《き》て返《かへ》せと云《い》つたら、財產全部《ざいさんぜんぶ》を出《だ》しても足《た》らない」と云《い》いながら泣《な》かせた。

一方《いつぽう》、泥棒《どろぼう》は可《か》或遠《なりとほ》く逃《に》げてから此《こ》の話《はなし》を聞《き》き、

「これはうまい具合《ぐあい》になつた、別《べつ》に逃《に》げる必要《ひつねう》もないわい、これから歸《かへ》つて三十駄《だ》の人蔘《にんじん》の代金《たいきん》を請求《せいきう》したら、一万両《いちまんれう》を返《かへ》しても尙《たほ》四五萬両《まんれう》は儲《もう》かる、その上《うへ》くだらん泥棒《どろぼう》の汚名《おめい》を着《き》なくてもいゝ事《こと》になる」と思《おも》い、又《また》もやノコノコと歸《かへ》つて來《き》たのが運《うん》の盡《つき》、すぐ樣先達《さませんだつ》に捕《とら》ねられ、折角盗《せつかくぬす》んだ一萬兩《いちまんれう》も其《その》まゝ主人《しゆじん》のもとにかえつた。

註　先達は昔の武官の名、しかしもさ先達てあつたものならやめてしまつても矢張先達さ云つた、

一四六、上《うへ》だけは貴郎《あなた》に

娘《むすめ》ばかり七人持《にんも》つて居《み》た宰相《さいせう》の夫人《ふじん》が、又姙娠《またにんしん》し生《うま》れ相《そう》になつた、宰相障子《さいせうせうじ》を距《へだ》てゝ座《すわ》つて居《み》たが、オギヤアと云《い》う聲《こゑ》を聞《き》くや、夫人《ふじん》に、

「どうだ今度《こんど》のは、男《をとこ》か女《をんな》か」

夫人《ふじん》が、又《また》、娘《むすめ》が生《うま》れたとは氣《き》の毒《どく》で云えず、

「上《うへ》だけは貴郎《あなた》によく似《に》て居《ゐ》ます」

宰相《さいせう》ため息《いき》をつき、

「では下《した》の方《はう》はお前《まへ》に位《に》て居《ゐ》るんだな」

一四七、　良壽《サンス》の返事《へんじ》

良壽《サンス》と云《い》う才童《さいどう》があつた。或時《あるとき》前齒《まへば》が缺《か》けて居《ゐ》るのを見《み》て、或客《あるきやく》が、

「お前《まへ》の口《くち》には犬《いぬ》の潛《くゞ》る穴《あな》が出來《でき》たね」と戯《からか》うと、良壽《サンス》すかさず、

「此《こ》の穴《あな》からおじさんが出《で》て來《き》たんじやないか」

一四八、　門《もん》の人形《にんげう》

田舍《ゐなか》では道《みち》をたづねるのが難《むつ》かしく、都《みやこ》では家《いへ》を見失《みうしな》い易《やす》いものである。或《あ》る田舍《ゐなか》の儒者《じゆしや》が上京《ぜうけふ》して、南大門内《なんだいもんない》の車先達《しやせんだつ》の家《いへ》に宿《やど》をきめ、用《よう》をたすべく出《で》かけ樣《やう》とした

が家《いへ》を見失《みうしな》つては大變《たいへん》と、門《もん》のところに人《ひと》の形《かたち》をかいて出《だ》し、やがて用事《ようじ》をすまして歸《かへ》りかけると、果《はた》して道《みち》がわからなくなつた。狼狽《ろうばい》してあちらこちら、人形《にんげう》をかいた家《いへ》を探《さが》して居《ゐ》る中《うち》、いゝ具合《ぐあひ》に門《もん》のところに人形《にんげう》をかいた家《いへ》が見《み》つかつたので、之幸《これさいは》ひとは入《い》つて見《み》ると、家《いへ》はよく似《に》て居《ゐ》るが、主人《しゆにん》が變《かは》つて居《ゐ》る。門《もん》の繪《ゑ》は眼病人《がんべうにん》があると見《み》えて、其《そ》の疫病神《やくびやうがみ》よけの呪《まじない》の爲《ため》にかいたものだが、そんな事《こと》を知《し》らぬ儒者《じゆしや》は「此《こ》の家《いへ》にも、矢張俺《やはりおれ》の樣《やう》な人間《にんげん》が居《ゐ》ると見《み》える、して見《み》ると、まんざら俺《おれ》ばかりが足《た》らぬ人間《にんげん》と云《い》つたものではない」とひとりごとを云《い》つた。

一四九、　汝《なんぢ》も矢張我黨《やはりわがたう》の士《し》だ

獨立門内《どくりつもんない》の廣場《ひろば》に青紅《あをあか》の旗《はた》を押立《をした》てゝ、訓鍊都監捕手達《くんれんとかんほしゆたち》が演習《えんしう》をして居《ゐ》た時《とき》、一日《あるひ》、訓鍊大將《くんれんたいせう》が兵士等《へいしら》に向《むか》つて、

「汝等《なんぢら》の中《うち》、女《をんな》の云《い》ふ事《こと》をよく聞《き》く者《もの》は、青《あを》い旗《はた》の前《まへ》に立《た》ち、聞《き》かぬ者《もの》は、白《しろ》い旗《はた》

の前《まへ》に立《た》て」と命《めい》じた。すると並《な》み居《ゐ》る兵士《へいし》たちは、何《いづ》れも青《あを》い旗《はた》の前《まへ》に立《た》つたが只《た》だ一人《ひとり》、白旗《しろはた》の前《まへ》に立《た》つ者《もの》があつた。大將《たいせう》が其《その》わけを尋《たづ》ねると、

「實《じつ》は、私《わたし》の妻《つま》が、何時《いつ》も多《おほ》くの人《ひと》の寄《よ》る所《ところ》には危《あぶな》いから決《けつ》して行《ゆ》くなと申《まを》しますので………」

大將《たいせう》、「じやあ汝《なんぢ》も矢張《やはり》我黨《わがとう》の士《し》だ」

註　訓鍊部監、李朝時代の軍營の一、　訓鍊大將、　訓鍊部監の主將（從二品）

一五〇、賢《かしこ》い二《に》少年《せうねん》

先生《せんせい》が或時生徒《あるときせいと》たちの智慧《ちゑ》を試《ため》そうと思《おも》われ、

「此處《ここ》に金《かね》が一文《いちもん》あるが、これで誰《たれ》か此《こ》の部屋《へや》一《いつ》ばいになる品物《しなもの》を買《か》つて來《こ》い」

とおつしやると、其《そ》の中《なか》の甲童《かうどう》と呼《よ》ぶ少年《せうねん》が、早速一本《さつそくいつぽん》の蠟燭《らうそく》を買《か》つて來《き》た。そして之《これ》に火《ひ》を獻《つ》けると、燦然《さんぜん》たる光《ひかり》が部屋《へや》一《いつ》ぱいに滿《み》ちた。

次《つぎ》に乙男《おつなん》という少年《せうねん》が一把《いちわ》の藁《わら》を買《か》つて來《き》て、火鉢《ひばち》の中《なか》で燃《も》やすと、朦朧《もうろう》たる白煙《はくえん》で部屋《へや》が一《いつ》ぱいになつた。先生《せんせい》は勿論生徒《もちろんせいと》たちも皆膝《みなひざ》をうつて二人《ふたり》の智慧《ちゑ》を稱讃《せうさん》した。

一五一、ポンヤリした閔參奉《みんさんぼう》

閔參奉《みんさんぼう》と云《い》う兩班《ヤングバン》は、物忘《ものわす》れにかけては誰《た》れにも負《ま》けぬ男《をとこ》であつた。或《あ》る時《とき》、申主事《しんしゆじ》の一年忌《いちねんき》に其《そ》の家《いへ》を訪《たづ》ねた時《とき》、同《おな》じ挨拶《あいさつ》に來《き》て居《ゐ》た方進士《ほうしんし》に、

閔「申主事《しんしゆじ》はどちらえ行《い》つたかね」と尋《たづ》ねる。方進士《ほうしんし》が、

方「僕等《ぼくら》は申主事《しんしゆじ》の一年忌《いちねんき》で來《き》たんだが、君《きみ》は何《なん》の爲《た》めに來《き》たんだい」

閔參奉《みんさんぼう》、初《はじ》めて氣付《きつ》き、

閔「あつ、そうだつた、私《わたし》も一年忌《いちねんき》で來《き》たんだつた」

暫《しばら》くして、又《また》、

方「申主事《しんしゆじ》はどうして死《し》んだかね」

閔「山《やま》に花見《はなみ》に行《い》つて高《たか》い所《ところ》から落《お》ちたのさ」
方「まあ、まあ、それは大變《たいへん》あぶない所《ところ》で」
閔「大變《たいへん》も何《なに》も死《し》んだんだから之程《これほど》の大變《たいへん》がどこにあるかい、君《きみ》は相變《あひかは》らずボンヤリだな」

註　參奉（陵、園、親宗府、敦寧府、禮賓寺、典獄署等の　職、從九品）
主事、各官衙の雇員の一、

一五二、飴《あめ》ではなくつて糞《くそ》でしよう

口《くち》の達者《たつしや》な男《をとこ》、誰《たれ》とて相手《あひて》になる者《もの》が居《ゐ》ないので、大部《だいぶ》慢心《まんしん》して居《ゐ》た。或《あ》る日《ひ》、町《まち》を歩《ある》いて居《ゐ》ると一人《ひとり》の少年《せうねん》が道《みち》を尋《たづ》ねたから、敎《をし》えて居《ゐ》ると、思《おも》わず一發屁《いつはつおなら》を落《おと》した
『先刻《さつき》飴《あめ》をうんと食《く》つたものだから屁《へ》が出《で》る、どうだ、小僧《こぞう》甘《あま》い香《にほひ》がするだろう』
と云《い》わば少年《せうねん》。

「おじさん、先刻《さつき》おあがりになつたのは飴《あめ》ではなくて糞《くそ》でしよう、道理《どうり》で糞《くそ》の匂《にほひ》がする」

一五三、氣《き》の早《はや》い婿《むこ》

のろい夫《をつと》を持《も》つて閉口《へいこう》した寡婦《ごけ》が、娘《むすめ》にだけはナキパキした婿《むこ》を持《も》たせなければならぬと、いつも氣《き》の早《はや》いのをと探《さが》して居《ゐ》た。恰度《てうど》大晦日《おほみそか》の晩《ばん》、一人《ひとり》の總角《ちよんがく》がやつて來《き》て、客間《きやくま》づきの便所《べんじよ》を借《か》りたが、바지《パチ》（ぱつち）の紐《ひも》の解《と》けぬのに氣《き》をいらち、小刀《こがたな》を以《もつ》て切《き》つてしまつたのを見《み》て、寡婦《くわふ》は、「これこれこれに限《かぎ》る」と其《そ》の塲《ば》で婚約《こんやく》を結《むす》んだ、「では式《しき》は何時《いつ》がよからう」と云《い》うと總角《ちよんがく》、「今日《けふ》しなくつて何時《いつ》するのです」と吉日《きちにち》も良晨《れうしん》もあらばこそ、すぐ其《そ》の晩《ばん》に式《しき》まですましてしまつた。

翌朝《よくてう》、新婦《しんぷ》の室《しつ》にあたつて泣《な》き聲《ごゑ》が聞《きこ》えるので家人《かじん》が不思議《ふしぎ》に思《おも》いわけを聞《き》くと花嫁《はなよめ》「結婚《けつこん》するのは子供《こども》を生《う》む爲《た》めなのに結婚《けつこん》して足《あし》かけ二年《ねん》にもなつて、まだ生《う》まぬとはどうした譯《わけ》だと云《い》つて叩《たゝ》かれました」

一五四、生《なま》臭《くさ》坊《ぼう》主《ず》

生臭坊主《なまぐさぼうす》が、とある酒屋《さかや》に行《い》つて、豚肉《ぶたにく》を肴《さかな》に一《いつ》ぱいやり、勘定《かんぜう》もせずに行《ゆ》こうとするから、酒屋《さかや》の主人《しゆじん》が呼《よ》びとめて、代金《だいきん》を請求《せいきう》すると、坊主《ぼうず》はとばけた顔《かほ》を上《あ》げて「わしがいつお前《まへ》んとこの酒《さけ》を飲《の》んだ」と云《い》う、仕方《しかた》がないので訴《うつた》ゐると、郡守《ぐんしゆ》の前《まへ》に出《で》て、かの坊主《ぼうず》、「身《み》に覺《おぼ》えないことです、只《たゞ》あそこの前《まへ》を通《とほ》りましたら、餘《あま》り寒《さむ》いものですから、チヨツトは入《い》つて火《ひ》にあたつただけの話《はなし》です、願《ねが》はくば、明政《めいせい》のもとに坊主《ぼうず》めの汚名《おめい》を淸《きよ》め、强欲《ごうよく》なる酒屋《さかや》を懲《こら》し給《たま》え」と誠《まこと》しやかに答《こた》ゐる。郡守暫時考《ぐんしゆしばらくかんが》えて居《ゐ》たが、下役人《したやくにん》を呼《よ》び水《みづ》を一《いつ》ぱい茶椀《ちやわん》に汲《く》んで持《も》つて來《こ》させ、坊主《ぼうず》に喇《うがい》をさせて、再《ふたゝ》び吐《は》き出《だ》させると、豚《ぶた》の脂《あぶら》と、肉《にく》の香《かほり》が水《みず》の上《うへ》に浮《うか》んだ。「ふらち者《もの》め」と十五六叩《たゝ》かせたら、流石《さすが》の坊主《ぼうず》もかくしきれず、遂《つい》に白狀《はくぜう》に及《およ》んだ。

一五五、　佛香沓取返《ぶつこうとうとりかへ》しの訴狀《そぜう》

慶尙道《けいせうどう》の監使《かんし》の所《ところ》え一枚《いちまい》の訴狀《そぜう》が入《はい》つて來《き》た。佛香沓返還請求《ぶつこうとうへんかんせいきう》の訴狀《そぜう》である。

私《わたし》の祖父《おぢ》が子孫繁榮《しそんはんえい》の爲《た》め、立派《りつぱ》な水田《すいでん》を一斗落《いつとらく》、佛香沓《ぶつこうとう》として慶州《けいしう》の佛國寺《ぶつこくじ》に奉納《ほうのう》しましたけれど、子供《こども》や孫《まご》がよくなる事《こと》はさて置《お》き、段々貧乏《だんだんびんぼう》になつて、今《いま》では乞食《こじき》でもせねばならぬ有樣《ありさま》、願《ねが》わくば奉納《ほうのう》した佛香沓《ぶつかうとう》を取《と》り戻《もど》して戴《いただ》き度《た》いと云《い》う文面《ぶんめん》だ。監使《かんし》が色々考《いろいろかんが》へたけれども、どうしても良《い》い判決《はんけつ》が浮《うか》ばず、思《おも》ひあぐんで居《ゐ》る所《ところ》へやつて來《き》たのは善山《ぜんざん》の郡守《ぐんしゆ》である。

監使「善山郡守《ぜんざんぐんしゆ》、此頃政治《このごろせいち》の趣味《しゆみ》は如何《どう》かね」

郡守「閣下《かくか》のように一道《いちどう》でも治《おさ》めて居《ゐ》るのでしたら、趣味《しゆみ》もありましようけれども、私《わたし》などの樣《やう》に、小《ちい》さい郡一《ぐんひと》つじやあ一向《いつかう》つまりません」

監使「では此《こ》の訴狀《そぜう》に對《たい》する判決文《はんけつぶん》を書《か》いてもらいたい」

善山郡守《ぜんざんぐんしゆ》が見《み》て、別《べつ》に考《かんが》ねる風《ふう》もなく、すら〳〵としたためた判決文《はんけつぶん》、

獻畓枚佛前　自求多福
佛亦無靈　猶子亦貧
福歸枚佛　畓歸枚人

註　佛畓と言ふのは子孫の繁榮や後世の幸福を祈る爲、寺に獻納する水田の事である、

一五六、立《りつ》春《しゆん》大《だい》吉《きち》

昔《むかし》、旅《たび》の男《をとこ》があつた。旅費《りよひ》が無《な》くなつたので、田舍《ゐなか》の家《いへ》の客間《きやくま》にとめてもらつた。恰度此《てうどこ》の家《いへ》の先祖《せんぞ》のお祭《まつ》りの晩《ばん》であつたが、あいにく、此《こ》の村《むら》に一人《ひとり》しか居《ゐ》ない지방《チバング》(先祖《せんぞ》の名《な》を紙《かみ》に書《か》いたもの)を書《か》く人《ひと》が市場《いちば》に行《い》つて歸《かへ》つて來《こ》ないので、大變困《たいへんこま》つた主人《しゆじん》が客間《きやくま》に泊《とま》つて居《ゐ》る男《をとこ》のところに來《き》て、事情《じじやう》を打《う》ちあけた上《うへ》、지방《チバング》(紙榜)を書《か》いて呉《く》れと賴《たの》んだ。此《こ》の男《をとこ》も文盲《もんもう》な点《てん》にかけては、村人《むらびと》を少《すこ》しも變《かは》りはなかつたが

暫時首《しばらくくび》をひねつた後《のち》、楷書《かいしよ》で、「江南春行《こうなんしゆんこう》」と書《か》いてやつた。
そして御祭《おまつり》の御馳走《ごちそう》をウント食《く》わしてもらつたが、其《そ》の習《あ》けの日《ひ》、지방《チグバン》を書《か》く男《をとこ》が市《いち》場《ば》から歸《かへ》り主人《しゆじん》に向《むか》ひ、昨夜《ゆふべ》の祭《まつ》りの事《こと》を尋《たづ》ねると、
主人「實《じつ》は一生懸命《いつせうけんめい》、待《ま》つて居《ゐ》ましたが、一向《いつかう》お歸《かへ》りがないものだから、困《こま》つて居《ゐ》るとい丶具合《ぐあひ》に、京城《けいぜう》からの御客樣《おきやくさま》があつて其方《そのかた》に書《か》いて戴《いたゞ》きました」
と昨夜《ゆふべ》の지방《チバング》を出《だ》して見《み》せると、男《をとこ》つら〳〵打眺《うちなが》めて曰《いは》く、
男「今年《ことし》は、こりや、りつぱな御祭《おまつ》りが出來《でき》たらう、字《じ》だつて中々《なか〳〵》うまいや」
客《きやく》が傍《かたロ》らで之《これ》を聞《き》き、
客「あなたは之迄《これまで》どう御書《おか》きになりました」ときくと、
「입춘대길《イプチユンテギル》(立春大吉《りつしゆんだいきち》)と諺文《オンムン》で書《か》いて居《ゐ》ました。

註　立春大吉は立春の日に書いて大門にはる字である掃地黄金出開門萬福來さか國泰平民安樂などいろいろある、

一五七、韓《かん》石《せき》峯《ほう》の母《はゝ》

韓石峯《かんせきほう》の母《はゝ》は餅《もち》を賣《う》つて、石峯《せきほう》を遊學《ゆうがく》させて居《ゐ》たが、二三年《ねん》の後中途《のちちうと》で石峯《せきほう》が歸《かへ》つて來《き》た夜《よる》、室《へや》の燈《あかり》を消《け》してまつくらにし、其《そ》の中《なか》で彼《かれ》に字《じ》を書《か》かせた。石峯《せきほう》が書《か》いた字《じ》は火《ひ》を點《つ》けてから見《み》たら字劃《じかく》が間違《まちが》つて居《ゐ》たり、線《せん》が大《おほ》き過《す》ぎたり小《ちい》さすぎたりして居《ゐ》た。母《はゝ》は笑《わら》つて、

「汝《おまへ》が數年《すうねん》の勉强《べんきよう》は私《わたし》の餅《もち》をつくるのにすら及《およ》ばない」と云《い》いながら再《ふたゝ》び燈《あかり》火を消《け》して、今度《こんど》は自分《じぶん》で餅《もち》をこしらえた。燈《あかり》を點《てん》じて見《み》ると、どの餅《もち》もどの餅《もち》を皆大《みなおほ》きさといゝ、形《かたち》といゝ、重《おも》さといゝ、一様《いちよう》に出來《でき》て居《ゐ》たので石峯《せきほう》は大《おほ》いに感《かん》する所《ところ》があつて、再《ふたゝ》び母《はゝ》に別《わか》れ、勉强《べんけう》に出《で》たが、遂《つい》に有名《ゆうめい》なる朝鮮《てうせん》の學者《がくしや》となつた。

註　韓石峯は京畿道開城の人で李朝宣王の時二十五才で進士となつた、朝鮮の弘法様とも言ふべき有名な書家で名將、李如松及琉球の使　梁燦等皆其の筆を要め明の王世貞に「石峯書如怒猊抉石渴驥奔川」と日ひ、朱蕃之も亦、王右軍顔眞卿と相優劣すと言つた、

一五八、七歳《さい》の才童《さいどう》

若《わか》い寡婦《こけ》さんが、夫《をつと》の忘《わす》れがたみである七歳《さい》の男《をとこ》の子《こ》を書堂《しよごう》におくつて勉強《べんけう》させて居《ゐ》た。或《あ》る日《ひ》、母親《はゝおや》が挽臼《ひきうす》を廻《ま》わして居《ゐ》る所《ところ》に、子供《こども》が書堂《しよどう》から歸《かへ》ねて來《き》て、挽臼《ひきうす》の前《まへ》で悪戯《いたづら》を初《はじ》めたので、母親《はゝおや》、

『お稽古《けいこ》もせずに遊《あそ》んでばかり居《ゐ》るもんじやありません、今《いま》、お母《かあ》さんが廻《ま》わして居《ゐ》る此《こ》の挽臼《ひきうす》と云《い》う題《だい》で一《ひと》つ文章《ぶんせう》をつくつて御覽《ごらん》」と云《い》うと子供《こども》、聲《こゑ》に應《おう》じて、

石疊々《いしでうく》たりと雖《いへご》も山《やま》に非《あら》ず、 白雪粉々《はくせつふんぷん》たりと雖《いへど》も寒氣無《かんきな》し。

終日《しうじつゆ》行けども遠《とほ》からず、 食《くら》う事多《ことおほ》しと雖《いへご》も腹《はら》ふくれず。

とやつた。母親大《はゝおやおほ》いに喜《よろこ》び、

『其《そ》の才《さい》に加《くわ》えて、もつと勉強《べんけう》し、りつぱな文豪《ぶんごう》とならねばならないよ』

一五九、외 풍 젓

昔《むかし》或村《あるむら》に貞操無二《ていそうむに》の寡婦《こけ》があつた。百藝《ひやくげい》に優《すぐ》れた上《うへ》、慄《ふる》いつき度《た》い程《ほど》の美人故《びじんゆゑ》、同村《どうそん》の分限者某《ぶんげんしやぼう》が妻《つま》を失《うしな》つて閨淋《ねやさび》しい所《ところ》から、此《こ》の寡婦《こけ》を後妻《のちぞい》にと思《おも》ひ、色々手《いろ〱て》を盡《つく》して見《み》たけれど、石《いし》より堅《かた》い美人《びじん》の意志《いし》をまげる事《こと》は出來《でき》なかつた。遂《つい》に一計《いつけい》をめぐらし、村《むら》の尊位《そんゐ》（他方《ちほう》の郷士《ごうし》または地方《ちほう》の裁判官《さいばんかん》）とか頭民《とうみん》（人民《じんみん》の親分又《おやぶんまた》は兄貴《あにき》を云《い》う）とか、아전（書記《しよき》）吏屬《りぞく》（書記《しよき》）使令《しれい》（郡《こほり》の小使《こづかい》）など云《い》う連中《れんちう》にそれぞれ鼻《はな》薬《ぐすり》をかませ、かようかようと云《い》い含《ふく》めた上《うへ》、郡守《ぐんしゆ》あてに、

私《わたくし》茲《こゝ》同村《どうそん》の一寡婦《いちかふ》と數年前《すうねんぜん》より夫婦《ふうふ》と相成《あひな》り同居致《どうきよいた》し居《を》り候《さふら》いしに、突然《とつぜん》、面白《おもしろ》からずとの理由《りゆう》のもとに彼女《かのぢよ》は無法《むほう》にも家出致《いへでいた》し候《そろ》、何卒御明斷《なにとぞごめいだん》の上《うへ》、歸家《きか》する樣御《やうお》取計《とりはか》らい直成度此《あひなりたくこ》の段伏而願上候《だんふしてねがひあげそろ》、以上《いじやう》。

と云《い》う訴狀《そぜう》を提出《ていしゆつ》した。そこで、郡守《ぐんしゆ》が寡婦《こけ》を呼《よ》んで事情《じぜう》をただすと、

「玉《たま》より清《きよ》きこの身《み》に思《おも》いもよらぬ濡衣《ぬれぎぬ》は、餘《あま》りと云《い》わばお情《なさ》けのう御座《ござ》います」

との答《こた》え、「誰《たれ》か烏《からす》の雌雄《しゆう》を知《し》らんや」と郡守《ぐんしゅ》、やゝ暫《しば》し打《う》ち案《あん》じて居《い》たが、

『然《しか》らば村《むら》の尊位《そんゐ》、頭民《とうみん》を呼《よ》べ』と下役人《したやくにん》に命《めい》じて、彼等《かれら》を呼《よ》ばしめ、眞否《しんぴ》をただすと尊位《そんゐ》も、頭民《とうみん》も少《すくな》からぬ鼻藥《はなぐすり》をもらつて居《い》る事《こと》だからしめし合《あ》わせた通《とほ》りの返答《へんとう》に及《およ》んだ。そこで更《さら》に吏屬《りぞく》、使令《しれい》を呼《よ》んでたづねたが、何《いづ》れも符號《ふごう》を合《あ》わした樣《やう》な返《へん》事《じ》であるから、寡婦《こけ》は氣《き》も轉倒《てんとう》し、郡守《ぐんしゅ》に暫《しば》し人《ひと》を退《しりぞ》げてもらい、傍近《そばちか》く進《すゝ》み寄《よ》つて云《い》うのには、

『天地《てんち》神明《しんめい》に誓《ちか》つてもあの人《ひと》と同居《どうきよ》した覺《おぼ》えは御座《ござ》りませんが、斯《か》くなる上《うへ》は、身《み》のあかりを立《た》てねばなりません。實《じつ》はお耻《はづ》かしい事《こと》ながら、妾《わたし》ば生《うま》れついての외톨젖《ウエトンチヨツ》（乳《ち》の片一方《かたいつぱう》しかないものを云《い》う）で御座《ござ》いますが、若《も》しあの方《かた》が妾《わたし》と同居《どうきよ》した事《こと》があるとすれば、よもやこの事《こと》を知《し》らぬ筈《はず》はない筈《はず》、何卒今一應《なにとぞいまいちおう》の御《お》取調《とりしら》べが願《ねが》いとう御座《ござ》います」

と云う。郡守《ぐんしゆ》が尤《もつと》もと、再《ふたゝ》び金持《かねもち》を呼《よ》んで、

「其《そ》の方《はう》これなる女《をんな》と何居致《どうきよいた》したと云《い》う上《うへ》からは何《なん》ぞ証拠《せうこ》でも持《も》つて居《ゐ》るであらうな」と尋《たづ》ねると、流石《さすが》は金持《かねもち》、前日金《ぜんじつかね》をもらつた吏令《しれい》の一人《ひとり》が板《いた》の間《ま》の下《した》にかくれて寡婦《ごけ》の今《いま》の話《はなし》をすつかり聞《き》いて、早《はや》くも報告《けいこく》に及《およ》んであつたから、

「數年同居《すうねんどうきよ》した女《をんな》の事《こと》、知《し》らいで何《なん》と致《いた》しましよう、彼《あ》の女《をんな》こそ、それ世間《せけん》でよく云《い》う외롱젖《ウエトングチヨツ》と云《い》うやつで片一方《かたいつぱう》しか乳《ちゝ》のない女《をんな》で御座《ごさ》います」

と答《こた》へた。其聲未《そのこゑいま》だ終《をは》らざるに寡婦《ごけ》、天地《てんち》に轟《とゞろ》く聲振《こゑふ》り上《あ》げ、

「天皇氏以來《てんのうしいらい》此《こ》の世《よ》の中《なか》に、一人《ひとり》でも외롱젖《ウエトングチヨツ》と云《い》うものがあつたと思《おも》うか、見《み》よこの通《とほ》り立派《りつぱ》にそろうた二《ふた》つの乳《ちゝ》を」と兩方の乳房《ちぶさ》を出《だ》して見《み》せたので、流石《さすが》の分限者《ぶんげんしや》も恐《おそ》れ入《い》り、萬金《まんきん》も遂《つい》に美人《びじん》の節操《せつそう》をまげる事《こと》が出來《でき》なかつた。

一六〇、名臣尹行恁《めいしんいんこうにん》

昔《むかし》、王様《わうさま》が名臣尹行恁《めいしんいんこうにん》に向《むか》つて、或《あ》る日《ひ》仰《あふ》せられるのに、

「人君《じんくん》は義《ぎ》を施《ほどこ》し、臣下《しんか》は忠誠《ちうせい》を以《もつ》て君《きみ》に仕《つか》うとあるが、卿《けい》は臣子《しんし》の道《みち》をよく守《まも》つて、人君《じんくん》の命《めい》に背《そむ》かぬ事《こと》が出來《でき》るか」

行恁《こうにん》が、

「申《まを》す迄《まで》も御座《ござ》いません、不肖《ふせう》なりと雖《いへど》も行恁《こうにん》、忠義《ちうぎ》の道《みち》は心得《こゝろえ》て居《を》ります、死《し》ねよとあれば只今《たゞいま》でも」と答《こた》ねると、

「ではあれなる池《いけ》にたつた今《いま》飛《と》び込《こ》んで死《し》んで見《み》よ」との嚴命《げんめい》。

「ハッ」と答《こた》えて行恁《こうにん》が、水《みず》ぎわに行《い》つたは行《い》つたが、さて青々《あを〳〵》と底知《そこし》れぬ水《みず》を眺《なが》めては、どうしてもとび込《こ》む譯《わけ》に行《ゆ》かない。

「如何致《いかゞいた》した、命《いのち》が惜《を》しくなつたのか、今《いま》の言葉《ことば》は主《しゅ》を欺《あざむ》くたわ事《ごと》なるか」

と云《い》われて行恁《こうにん》、

「誠《まこと》に恐《おそ》れ入《い》りまして御座《ござ》います、只今私《たゞいまわたし》が飛《と》び込《こ》もうと致《いた》しますと、不思議《ふしぎ》、水《すい》

中《ちう》に何者《なにもの》かの亡靈《ばうれい》現《あら》われ、私《わたし》に向《むか》ひ、自分《じぶん》は暗愚《あんぐ》の君《きみ》に仕《つか》わし爲《た》め、此《こ》の池《いけ》にとび込《こ》んで死《し》んだ者《もの》だが、賢明《けんめい》なる主君《しゆくん》を持《も》つ貴殿《きでん》が、どうした譯《わけ》で此《こ》の池《いけ》に飛《と》び込《こ》もうとはなさる」と申《まを》しますので、決斷《けつだん》が鈍《にぶ》り、かくの始末《しまつ》で御座《ござ》ります」

と答《こた》わたので、王樣《わうさま》が大層御喜《たいそうおよろこ》びになつたと云《い》う事《こと》である。

註　尹行儼は成祖に仕わた寵臣て　全羅道南原の有名なる儒者てある、

附言

一、本書は機智、諧謔の中に窺われる朝鮮民族の研究資料として蒐集編纂した朝鮮の短い笑話集である。

一、요디경、開卷嬉娯録の諺文又は漢文の書籍から譯出したもの及朝鮮の古老、友人の口から語られたものを集めて百六十篇をのせた。

一、大體に於て其の百六十篇は、普通の笑話及言葉のもぢり所謂言語上の遊戯に興味を置いた笑話の二種に分つことが出來る必要と思はれるものには其の終りに註として說明を加えた。

大正十二年十月六日印刷
大正十二年十月十日發行

（溫突夜話）

定價金八拾錢

著者　田島泰秀

發行者　京城府黃金町三丁目三百四十九番地　中田立三

印刷者　京城府黃金町三丁目三百四十九番地　中田立三

發行所　京城府黃金町三丁目三百四十九番地
電話本局一九四八番振替京城四六二七番
教育普成株式會社

이시준 숭실대학교 일어일본학과 교수
숭실대학교 동아시아언어문화연구소 소장
일본설화문학, 동아시아 비교설화・문화

장경남 숭실대학교 국어국문학과 교수
한국고전산문, 동아시아 속의 한국문학

김광식 숭실대학교 동아시아언어문화연구소 전임연구원
한일비교설화문학, 식민지시대 역사 문화

숭실대학교 동아시아언어문화연구소
식민지시기 일본어 조선설화집자료총서 10

다지마 야스히데의
온돌야화

초판인쇄 2014년 09월 22일
초판발행 2014년 09월 30일

저　　자 다지마 야스히데(田島泰秀)
편　　자 이시준 · 장경남 · 김광식
발 행 인 윤석현
발 행 처 제이앤씨
등록번호 제2009-11호
책임편집 김선은

우편주소 서울시 도봉구 창동 624-1 북한산현대홈시티 102-1106
대표전화 (02)992-3253(대)
전　　송 (02)991-1285
홈페이지 www.jncbms.co.kr
전자우편 jncbook@hanmail.net

ISBN 978-89-5668-416-1 94380　　정가 34,000원
978-89-5668-909-8(set)